Paint

amazing memory

油漆式速记法

吴灿铭 著

天津出版传媒集团

天津人民出版社

图书在版编目（CIP）数据

油漆式速记法 / 吴灿铭著 . -- 天津 : 天津人民出版社 , 2016.5
ISBN 978-7-201-10195-8

Ⅰ . ①油… Ⅱ . ①吴… Ⅲ . ①英语 - 词汇 - 记忆术 Ⅳ . ① H313

中国版本图书馆 CIP 数据核字 (2016) 第 055050 号

中国版权保护中心外国图书合同登记号：02-2015-274

油漆式速记法

YOUQISHISUJIFA

出版发行　天津人民出版社
出 版 人　黄沛
地　　址　天津市和平区西康路 35 号康岳大厦
邮政编码　300051
邮购电话　（022）23332469
网　　址　http://www.tjrmcbs.com
电子信箱　tjrmcbs@126.com

责任编辑　章　桢
装帧设计　阳光博客 + 李昆仑

制版印刷　三河市华成印务有限公司
经　　销　新华书店
开　　本　880*1230 毫米　1/32
印　　张　5.25
字　　数　70 千字
版次印次　2016 年 5 月第 1 版　2016 年 5 月第 1 次印刷
定　　价　36.00 元

记忆就像刷油漆，凡刷过必留下痕迹。

目 录

CONTENTS

1 CHAPTER

油漆式速记法与英语学习

2 CHAPTER
油漆式速记法与全脑训练

3 CHAPTER
油漆式速记法的辅助训练

推荐序 1

Think Different：创意理论，专业研发

加强外语能力一直是大专院校积极努力的方向；有一流的外语能力，才能培养出一流的国际观。可以说英语是目前最具代表性的国际性语言。当你所属的企业开拓国际市场时，你的英语能力越好，你就越能在职场上发挥优势。本人长期在语文领域执教，相当关心当前的语文教育资源，希望能帮助学生找到更具创新性的学习方式与更好的学习资源。

这几年政府也在积极推广国际语言证书。许多大专院校都已规定，学生必须达到某种英语等级，才能毕业。然而，对大部分人而言，语言的学习是一种相当痛苦的经验，尤其

背单词这项工作，绝对是一项不折不扣的大工程。本书作者所创的“油漆式速记法”，是一套开发大脑潜能的最佳方法。这套方法强调交互式学习英语的重要性，认为学习最重要的就是与兴趣相结合，如果能够把英语学习融入平常的休闲娱乐，就能真正做到“轻松快活学英语”！

本人曾邀请作者到台东大学演讲，觉得作者提出的方法非常新颖。难能可贵的是，作者的团队结合各大专院校的语言专家及自身软件研发实力，并不断吸纳推广过程中用户反馈的宝贵意见，持续投入产品改进与研究，开发更具吸引力及学习成效的软件。这次有机会写这篇推荐序，期盼本书提供的方法，能在将来帮助更多语言学习过程不顺利的莘莘学子们。

台东大学通识教育中心主任

温宏悦博士

推荐序 2

工欲善其事，必先利其器

要学好一种语言，让自己在使用该语言的国家生活一段时间，是最直接、最有决心的做法。但出国不见得是适合每个人的选择，好的老师也不可能随时随地出现在你身边，这时如果有一套好的学习工具,便可弥补这样的遗憾。所谓“工欲善其事，必先利其器”，有好的工具，再加上学习的决心，语言的学习必能事半功倍。

本书作者吴灿铭先生希望我为其写推荐序。我很用心地花时间研读本书，感佩作者能以理工科的背景，提出如此新颖而与众不同的语言学习观点。书中提到，他为了能在专业的英语测试中拿到好成绩，勇于尝试结合速读训练、速记原理与大脑生理学等知识，创造了一套有效的记忆法，帮助自己在短时间内记忆大量单词。他不仅完成了自己的留学梦，也让许多苦于记性不好的读者，有机会开启快速记忆的大门。如今吴灿铭先生将这些完整心得出版成书，结合时下最流行的速读与速记理论，与大家分享油漆式速记法对英语学习的帮助。

本书的逻辑架构非常清晰，我们可以清楚了解油漆式速记法与英语学习的关系，也体会到作者强调的大量单词对英语学习的重要性。

通过流畅的架构安排，作者详尽地解说、分析油漆式速记法的训练方法和使用方式，让我们明白这套语言学习系统的运作方式，了解其如何协助我们提高学习的成效，进而增强学习的效果。衷心期望本书的出版，可以让更多学生从中获取英语学习的新思维。

虎尾科技大学应用外语系主任

王清煌博士

推荐序 3

颠覆传统的英语学习工具

进入“地球村”的新时代，全球化的脚步日益加快，“提升外语能力，扩大国际视野”是台湾地区许多大专院校的主要教育方针之一。尤其是英语，它是目前世界公认的国际语言，而且所有的文献资料、网站内容与许许多多的学术资源都是以英语表达为主。如果能灵活运用，更有机会开拓宏瞻的国际视野。

本书所创的油漆式速记法，是一种具有系统性的重复式记忆法，它同步结合速读与速记训练，主要原理包括瞬间记忆、眼球移动、视幅扩大、多重感官学习等，能迅速将感官记忆转变成短期记忆；接着再整合不同形式的测试以及大量的复习，将短期记忆转换成长期记忆。要能活用英语，记忆大量单词确实是一项基础性工作，也是英语持续进步的原动力。作者强调记忆大量信息就好像刷油漆一样，反复多层次地刷，刷出来的墙才会均匀漂亮。油漆式速记法的原理就是将刷油漆的概念应用在快速记忆中，配合“大量、全脑、多层次复习”的速读与速记方法，并利用右脑图像直觉联想，结合左脑理解思考练习。这套方法应用在外语单词的速记中，可以有效帮助学生记忆单词，轻松、有趣，记得又快又牢，达到全脑学习奇迹式的倍增效果。

本书作者吴灿铭先生曾受本校“语言教学中心”邀请，进行题为“由速读到速记—— 1 小时背 200 个单词”的专题演讲，深受学生欢迎。很高兴有机会为这套创新性的方法作序，也期待作者的团队未来可以投入更多资源，研发更多结合科技及人性的教学软件和应用工具。

环球科技大学应用外语系助理教授兼语言教学中心主任

赖锦全博士

自序

你的英语“油漆”了没有？

近几年来，笔者通过演讲的方式，以亲身经验推荐这套有别于传统的英语单词学习法，期望可以让更多人勇于向放弃学英语的自己“say no”。在演讲的经历中，笔者强烈感受到许多学生面临不知如何快速提升语言能力的困境，许多老师也常提到学生单词量不足，期盼引进新的教学方法。传统背单词的缺点，除了不容易集中注意力，记忆的过程繁复、效率不佳、越背越慢之外，更重要的是，花了心血背的单词忘得太快，不容易转换为长期记忆。

本书所提出的油漆式速记法，是一种“大量、全脑、多层次复习”的方法，并配合一种实时测验环境来建立学习成就感，可以让学习者快速扩大英语词汇总量。以笔者留学经验来说，在短短一两个月中，背上将近 10000 个 GRE 常考的艰涩单词，除了短期内对考试有明显的帮助外，也会大幅提升英语阅读能力与学习兴趣。尤其是那些学英语不得其门而入的读者，笔者希望以亲身经验鼓励各位，从现在开始，下定决心，这套方法绝对可以帮助各位在英语学习的竞赛中，取得决定性的胜利。

其实，油漆式速记法还可以被广泛应用在其他外语的学习中，希望读者举一反三。本团队也会在最短时间内，陆续开发各种语言的记忆工具与平台。

荣钦科技 CEO

吴灿铭　敬笔

CHAPTER 1 油漆式速记法与英语学习

1 油漆式速记法的缘起

回想起二十几年前，我正热火朝天地准备留学考试GRE之际，对于像我这样一位毕业于私立大学理工科的学生而言，想要在这么专业的英语测试中拿到好成绩，简直是天方夜谭。

GRE，全称Graduate Record Examination，是一种类似美国研究生院入学智力测验的考试，内容分为语文、数学和分析性写作三部分。对于大多数中国的学生而言，数学的部分很简单，要考个满分也不难。但是语文和分析性写作部分，如果仅凭求学阶段所背的单词，可能有一半以上的题目都看不懂，唯一的解决办法就是必须在短时间内记住一大堆冷门古怪的单词。

由于这些单词都不是生活中的常用词汇，也不容易在一般的报刊书籍中看到，我只好每天抱着一本 GRE 精选单词书苦读。先从字母 A 开始背，通常背一段时间后就觉得心浮气躁，但是又无可奈何，只好在苦闷中变点花样——把整本书倒过来，又从字母 Z 开始背。

就这样，我每天凭着一股意志力熬夜背到天亮，白天时又困得只剩下“灵魂”继续背单词。不过到了模拟考时，看到试卷上密密麻麻的一堆单词，还是“老鼠、老虎，傻傻的分不清楚”，当然，成绩始终是敬陪末座。

虽然当时有号称补习班“词汇天王”的名师在课堂上讲得天花乱坠，例如从某个单词可以轻松联想到许多单词，但对我这个单词原本就认识不多的学生而言，都是左耳进、右耳出。

毕竟记忆这种技巧，真的是“师父领进门，修行在个人”，只能自求多福了！特别是记忆的速度与效果往往取决于大

右脑 图像联想：
救护车暂时停在路旁。

ambulance
救护车

脑，但大脑和手脚等又不相同，你越是用力想去记住，记忆效果反而越差，除非能够找到利用大脑的正确方法。

眼见留学梦破碎之际，有一天我突然福至心灵，想到小学时期曾经受过为期三年的速读训练，知道善用速读原理，除了可以加快阅读速度外，更能够大幅提高记忆效果。特别是在考试的紧要关头，单词的数量当然是多多益善，不过眼前的问题可不是出在该背多少单词上，而是一定要找到短时间背大量单词的快捷方式。

善用速读原理，更能够大幅提高记忆效果。

时间正在一分一秒地流失，于是我马上停止了土法炼钢式的背单词方法，跑到图书馆中抱回了一堆速读与记忆类的书籍。在埋首研读的同时，将这些原理结合自己的计算机专长，设计了“计算机学英语”软件作为自己背单词之用，让计算机成为一位不会喊累的英语老师，这也就是“油漆式速记系统”的前身。

接下来在不到一个月的短短时间内，奇迹竟然发生了，我的 GRE 成绩突飞猛进，莫名其妙地在知名补习班模拟考试中考了第一名，当时应考的学生有 700 人之多。而且在两个星期后的 GRE 正式测验中，我也获得了非常优异的成绩，让老师及同学们几乎都跌破了眼镜。

一次偶然的机会，我的这一经历，经由《民生报·校园新闻版》披露，随后更在各大媒体引起广泛的反响及报道。甚至当时相当知名的《华视新闻》主播陈月卿小姐，还特别制作了一集长达 15 分钟的“计算机学英语”专题报道。

当然，我也顺利地完成了出国留学的梦想。在留学期间，这些短期背下的超大量单词，更对我融入美国社会提供了意

右脑 图像联想：
两位先生举起手臂准备进行臂力比赛。

arm
手臂

想不到的帮助。

接着回国后的15年间，我虽然主要从事于计算机科学的教学工作，但对于速读训练、速记原理与大脑生理学等知识还是情有独钟，不断地投入相当多的时间做更深入完整的研究。为了让许多记性不好的读者开启速记的大门，我决定将这些完整心得整理出来，结合时下最流行的速读与速记理论，并强调“大量、全脑、多层次复习”的学习精神，形成一套系统的方法，将其命名为“油漆式速记法”。

2 油漆式速记法的原理

大量：大量吸收才能让大脑更灵光

从医学的观点来看，大脑是人类最重要的器官，用“牵一发而动全身”来形容大脑对身体的影响最贴切。有许多医师认为：“外表的年龄，不代表真正的年龄，大脑的年龄，才是一个人真正的年龄。”

大脑是人体的神经中枢，身体的一切生理活动，如脏器活动、肢体运动、感觉产生、肌体协调、说话、识字和理性思维等，都是由大脑支配和指挥的。大脑是由约1000亿个以上的脑神经元组合而成，就像是一台可以用来处理超大量数据的超级计算机，蕴藏着神秘而奇妙的运作机制。

每个神经元的长相就像2010年足球“世界杯”中出名的张牙舞爪的章鱼保罗一样，神经元会长出两种触手状的突起组织，分别称为“轴突”与“树突”。轴突就像巨大的蒲公英一样，不断地劈叉再分支，主要负责将信息传递出去。树突的功用是负责和其他神经元的树突接触，并且将信息带回神经元。神经系统间的传导就是靠着神经元之间的信息交流所引发的。

在我们的身体内，每时每刻都有成千上万的神经轴突不断受到刺激，每一个神经元除了利用轴突把信息传递到其他神经元外，还可串联起神经传输的新路径，称为“神经回路”。

当一个刺激通过眼、耳、鼻、舌等感觉器官进入大脑时，会激发一连串神经回路，人类的记忆就是靠着神经回路的联结而形成的。大脑生理学家认为决定智力高低的因素并非神经元数目的多寡，而是神经轴突所建立的回路密度。智力高的人拥有丰富且密集的神经回路，智力低的人神经回路则较为贫乏与稀疏。

左脑 句型思考：
I packed all my clothes into the backpack.
我将我的衣服装进背包中。

backpack
背包

大脑潜能的开发与神经轴突有着相当密切的联系。人用脑的机会越多，大脑神经纤维间的联结就会越密切，活化的程度相应提高，大脑就会越健康。常常运用大脑来阅读或思考，神经回路的联结就会更为敏锐迅速。

日本有句俗谚说："大雨使大地更加坚固！"而我则认为："大量吸收信息会使大脑更加灵光！"

大量吸收信息会使大脑更加灵光！

记忆的形成是知识随着时间的推移而被储存的奇妙过程。越常运用大脑来阅读或思考，神经轴突的联结会越发达，活化的程度相对提高，这时如果神经元发出与过去经验类似的信号时，大脑中就会自动产生记忆模式。

右脑 图像联想：
这个背包很适合登山客在郊游时使用。

backpack
背包

神经回路密度越高，记忆力就越好

因此，如果能够同时让海量的信息快速进入大脑，神经回路间的联结就会更加紧密，大脑的处理效率就会更高，这就是油漆式速记法所强调的“任何学习都必须大量吸收信息”的基本理论。

大家可以回想一下，以前的建筑工人是一砖一瓦盖房子，而且盖的大多是平房，而现代化的建筑工程，是先把钢骨架好，再以大量墙壁组装成高楼大厦。21 世纪经济社会的理论讲究规模，数据大就是美，这也符合大脑的运作原理。

在日常生活中，该如何增强大脑吸收海量信息的能力呢？接受速读训练就是最好的方法之一。速读是自 20 世纪以来相当热门的学科，它同时结合了生理潜能与速读原理，不但能加快阅读速度，也相对强化了理解力和记忆力的配合。

根据科学家们的正式统计，人类天生的阅读能力仅被开发了 20% 左右，但只要经过类似速读或视觉潜能的训练，就可以将阅读能力大幅提高数十倍，能够让大脑在短时间内吸收海量信息。

全脑——全脑学习的威力

大脑的奇妙之处在于左、右脑两半球分工不同，而且这两个半球是以完全不同的方式在进行思考，分别掌管不

右脑 图像联想：
我最喜欢在户外打羽毛球。

badminton
羽毛球

同的事情。正常人的大脑可以区分成左、右两部分，右半球就是“右脑”，左半球就是“左脑”，左、右脑平分了脑部的所有构造。我们常说：“性格决定命运！”然而，你到底是属于爱用左脑还是爱用右脑型，才是真正决定命运的关键。

左脑就像是个演说家，一般人生活中利用最多的就是左脑。人类的语言能力大都由左脑掌控，左脑为理智的主宰，正常人清醒时通常会发出 β 脑电波。

右脑则像是个艺术家，具有自主性，能够发挥独特的想象力，容易把创意图像化，是创意的源泉。右脑在脑电波的波形图上，通常是以 α 脑电波为主，也是潜能开发的所在，包括掌管人类的幻想与白日梦。

通常我们进行任何一项思考活动，左、右脑都会同时参与，左脑用语言性信息进行思考，右脑则是以图像性信

左脑 句型思考：
On my birthday we will go to the beach.
我们预定在我生日时去海滩玩。

beach
海滩

息进行思考；但左、右脑的参与程度针对不同的活动性质而有所不同。

左、右脑的角色扮演图

历史上许多著名的伟人，多半拥有左、右脑同时学习的能力，使其能达到机能上分工合作的目的，并且从整体结构上开发大脑。由于他们都是懂得运用全脑的人，对于一个问题的思考程序，是由右脑储存活动的图像信息，然后交由左

右脑 图像联想：
天气很好，我在海滩上悠闲地休息。

beach
海滩

脑进行分析处理。

例如英国著名的物理学家牛顿看见苹果从树上掉下来的景象，就提出了万有引力定律。这个运作过程就是左脑一边思考，一边提取右脑所描绘的图像，同时在左脑进行语言与逻辑化的编码。

在日常生活中，懂得运用全脑的人，不但可以大幅提高记忆力与学习力，更重要的是，能够开启大脑潜能中的想象力与创造力。例如我国的传统教育模式就是偏向左脑功能，只要填满老师心中的“标准答案”,就是取得高分的最佳保证。

懂得运用全脑的人，能够开启大脑潜能中的想象力与创造力。

因此，我国的学生在英语学习方面，语法成绩可能很好，但是会话和听力就不行了，原因正是缺乏右脑的训练。油漆式速记法认为，如果能分别从左、右脑的训练着手，便可以帮助读者快速学好英语。

【随堂小测验】

1. 你开车时不喜欢使用 GPS 吗？
2. 你跟美国总统奥巴马很像，谈吐能够动人心弦？
3. 左、右两手都可以自由运用？
4. 爱好古典音乐，但也注意流行音乐排行榜？

解答：如果上述题目都选择“是”的话，那么你应该是右脑型的人了。

多层次复习：重复记忆就像刷油漆

相信大家都曾看到过有人在一大面墙前刷油漆的场面。

右脑 图像联想：
卧室里有床和桌子，墙上还挂着海报。

bedroom
卧室

如果今天是你在刷油漆，你会怎么做呢？

刷油漆的时候，如果只想着刷一遍，于是仔细地在每个角落反复涂刷，这种乍看小心的做法不仅会成效不佳，刷完后反而会造成整面墙的漆面凹凸不平。

老师傅们都知道，在刷油漆时绝对不能贪快，通常以涂三遍漆为原则，绝对不会妄想毕其功于一役。正确的做法应该是，以一面墙为单位，刷第一遍油漆的时候，尽量刷得薄一点，并尽量让这一遍所刷的墙面都能上漆。

刷第一遍时，墙面颜色看上去均匀即可，而不是拘泥在小范围内修修补补。第二遍刷漆也是以整面墙为单位，让每个角落的漆都能均匀。因为落点的不同，会补齐第一遍时的空隙或疏漏之处。第三遍则是针对前两遍的不足，进行最后的修补，以达到最完美的刷漆效果。我们知道只要油漆刷过之处，不论范围大小，一定会留下漆色的痕迹，也唯有通过

左脑 句型思考：
The game will begin in ten minutes.
比赛将于十分钟后开始。

begin
开始

重复多层次的粉刷来弥补上一层的空隙，这样刷出来的墙面才会均匀漂亮。

相信许多人都有吃回转寿司的经历，刚开始看到传送带上五花八门的寿司料理时，肯定会眼花缭乱，刚想选择某些菜色，它们却一溜烟地从眼前溜走了，连名称跟价钱都看不清楚，回转了几次之后，才能慢慢记住想吃的寿司的位置与价格。

为什么记住了？关键在于“重复”的概念，也就是我们已经重复看了好几次传送带上的寿司。不要小看重复的过程，重复是记忆之母，是把感官记忆移转为长期记忆的一个重要过程！

重复是记忆之母！

当各位开始接收到新信息时，就如同在大脑皮层中刷上

右脑 图像联想：
小明在起点处准备开始这次的田径比赛。

begin
开始

油漆，不论接收时间的长短，记忆的痕迹始终会存在。如果有遗漏，可借由下一次刷漆时进行补充。只要多刷几次，记忆的时间足够长，自然能够在大脑中产生良好的记忆效果。

油漆式速记法中所主张的“多层次复习”，强调不断地重复记忆，借由逐步加快速度地重复速读，就像在大家的大脑中刷上好几层记忆的“油漆”。重复的次数越多，记忆效果自然会越好。

例如大家阅读书籍时，千万不要幻想一遍就看懂，因为没有人是天才，即使这次没办法完全记住，第二次阅读时还可复习一遍，甚至再阅读第三遍、第四遍。当已通读一遍后，对内容会有某种程度的了解，因此下一次再阅读同样内容时，请务必让速度逐渐加快，这样视点停留次数也会递减，并且要记住保持一种“放松性认真”的心情，因为即使这次没记住，下一次复习时还可再了解一遍。

3 油漆式速记法的特色

发挥大脑最佳功效——神奇的脑电波

我经常在巡回演讲时，开门见山地告诉听众油漆式速记法的最佳入门学习心法。

这个心法相当简单，那就是："速记的最佳秘诀就是努力忘记！"因为速记的第一步，就是培养自己准备忘记的"心情"。

速记的最佳秘诀就是努力忘记！

此话一出，经常引得全场哗然，在场的每个人都"丈二和尚摸不着头脑"。怎么一下子说要记住，一下子又说要忘记呢？

右脑 图像联想：
这是双小牛皮长靴。

boot
长靴

搞不清楚油漆式速记法的葫芦里到底卖些什么药？为什么“忘记为速记之母”呢？答案当然跟脑电波有关，因为在物我两忘的状态下，就能够产生最能帮助记忆的 α 脑电波。

大脑就像一部电波发射器。任何人不管在什么时候、做些什么事，甚至是睡觉时，大脑中的神经元细胞都没有停止活动，不断地产生电流脉冲，这些电流脉冲则被称为脑电波。脑电波就像是神经元细胞活动的节奏，它跟人类的学习和记忆过程有密不可分的关系。从脑电波图中可测量与划分出四种脑电波，请看以下说明。

• α 脑电波

当我们身心放松时，脑电波会产生较低的周波，波长为 8~12 赫兹（Hz），称为 α 脑电波。在 α 脑电波下，大脑能够呈现高度清晰的状态，反而能让自己变得更能集中注意力。如此一来，无论是学习或阅读，都能收到事半功倍的效果。

这就是为什么每一个成功的学习法，总是教人从放松开始。

• β 脑电波

当情绪波动、焦虑不安或是因任何一种激动情绪而兴奋时，波动频率就会增加，脑电波活动会上升成更高的周波，称为 β 脑电波，波长为 12~100 赫兹。这种脑电波反映的是人们在一种清醒状态下，出现逻辑思维、分析及有意识的活动，身体会逐渐呈现紧张状态，准备随时因外在环境的变化而做出反应。例如当人们正在进行各种考试时，就会进入 β 脑电波状态。

• θ 脑电波

当人们感到睡意蒙眬，也就是处于半梦半醒间的潜意识状态，人们的精神就会高度松弛，例如当人静坐或冥想时，就会产生 θ 脑电波，波长为 4~8 赫兹。

• δ 脑电波

当人们完全进入深度的无梦睡眠时，血压和体温会下降，

右脑 图像联想：
头脑中有许多复杂神秘的组织。

brain
头脑

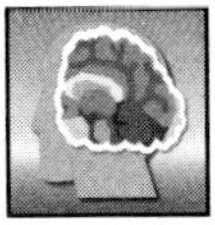

并进入无意识状态，这时会产生δ脑电波，波长为0.5~4赫兹，是波长最低的脑电波活动，人的睡眠质量好坏与δ波有非常直接的关联。

从现代医学的角度来看，如果在短时间内想要验收速记的成果，大脑必须处于α脑电波活跃的状态，如此一来大脑的能量和氧气才会得到充足的供应，进而促进神经细胞的代谢。因此油漆式速记法建议用户在准备记忆大量信息时，首要工作反而是尽可能丢掉想记住的念头。

使用油漆式速记法记单词的道理其实很简单，就是希望大家像进行一个精心设计的瘦身美容疗程一样，不用去深究某个疗程有什么样的效用，只管忘我地去享受这些专业疗程即可，完成之后就能拥有惊人的改变。

以速读为基础，以学到再也不忘记为最终目标

• 速读的要领

速读的功用主要是让大脑的灵活度提升，让综合感官反应变得更敏锐，真正做到“眼明脑快”。速读能力绝对是每个人与生俱来的能力，只是大部分的人不得其门而入。只要有正确的训练步骤，每个人都可以轻松达到阅读速度大幅提升的目标。

谈到现代速读训练的起源，应该是源自第二次世界大战时，美国军方为了训练飞行员在高速飞行时能够精确瞄准远方飞行中的敌机，而设计的一种叫作“速视仪”的装置。速视仪可以用不同尺寸及速度显现敌机的仿真图像，借此加强训练飞行员高空飞行时的瞬间感知力。

“瞬间感知力”的真正定义到底是什么？俗称为“眼力”，

右脑 图像联想：
大汉堡、果汁和薯条是他今天的早餐。

breakfast
早餐

就是眼睛开始感知时，瞬间能接收信息的理解力，眼力的好坏可以通过训练方式获得加强。从生理医学的角度讲，眼睛是所有感官中最具优势的器官，学习速读的第一要领，就是努力训练眼睛的视神经，让眼力更为敏锐。

学习速读的第一要领，努力训练眼睛的视神经。

眼球借助六组眼肌来运动，而眼球的转动灵活度也与阅读速度息息相关。强化眼力无疑要从运动眼球开始。因为迅速有效的眼球活动，往往是决定阅读速度的关键，不仅可以提高阅读速度，还间接活化了大脑的敏捷性。通常当眼球静止不动时，人们的视野约为160°~170°角的扇形范围，如果想要加快阅读速度，第一步就要练习增大视野的眼球运动，让每一个阅读视点所摄取的信息量尽量扩大。

左脑 句型思考：
There is no room for another cabinet in the living room.
客厅中没地方放其他小橱柜了。

cabinet
小橱柜

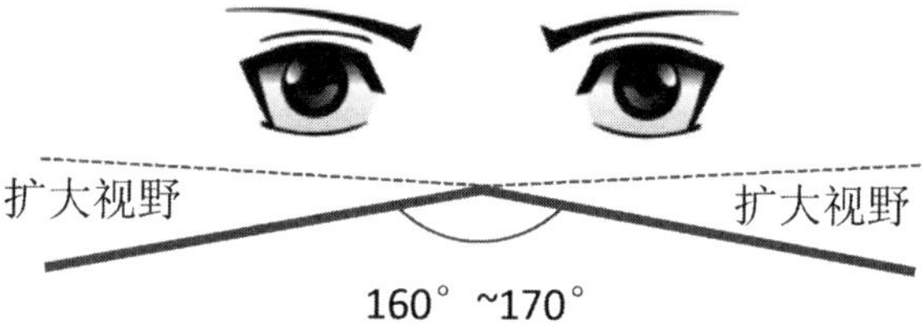

扩大视野示意图

许多速读专家将人的眼睛比喻为相机，并把速读的基本原理称为“眼脑直映”，就是当视线移动时，眼球应随文字移动而转动，并尽量消除大脑中潜在的读音现象，直接把视觉中枢所感知的文字符号转换成大脑所能理解的信息。这样就像台北到高雄的直达车，中间不靠站，行车时间当然缩短许多。

对于未曾受过速读训练的人来说，眼睛对文字符号的感知能力仅为 15° 视角，大约为 2~4 个字的间距，因此多半只能逐字逐句地阅读。这就是为什么大多数人看书时，无法一

右脑 图像联想：
这个小橱柜是用上等的桧木做成。

cabinet
小橱柜

次将整页内容尽收眼底。经过良好速读训练的人，不但能让视觉器官发挥最大作用，还可以使眼睛和大脑接受信息的速度趋于同步。

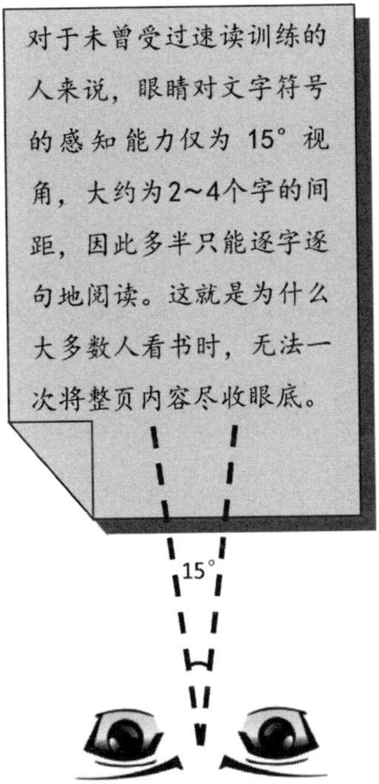

眼睛对文字符号的感知范围

左脑 句型思考：
Many children don't like carrots.
很多小孩不喜欢吃胡萝卜。

carrot
胡萝卜

油漆式速记法的速读基本要领就是训练大家，运用相机镜头所呈现的整体感知原理，将眼睛变成广角镜头，并逐步增大每一视点所接收到的信息。每一眼所看到的文字范围要尽量扩大，而且不要直接解析文字，就好比是利用大脑对阅读内容直接照相一般。

当阅读速度增快时，其实就是在进行某种形式的速读训练。大家大可不必担心，大脑存取眼睛所感知的信息速度之快，简直令人难以想象，需要的只是时间来“适应”。虽然一开始会因为速度太快而看不清楚，但很快就能逐步适应。

右脑 图像联想：
胡萝卜能提供丰富的维生素A。

carrot
胡萝卜

【Tips】概念说明

“眼球运动”与“视野”：人类阅读时，眼球并不是连续不断地移动，而是进行有规律的忽动与忽停跳动，眼睛只有在眼球处于停止状态下，才能接收信息，而眼球停顿点，就称为“视点”。“视野”就是眼球固定在视点时，所能看到的可能文字范围。通常正常人两眼之间的视野会重复，而且相当广阔。

【随堂小测验】

请举出每天经常碰到的三种场合，可以用来做增大视野练习。

解答：

1. 转动眼球追踪飞行中的昆虫。从原本一次只追踪其中一只的活动，依次增加所追踪的数目。

2. 当夜深人静时，躺在床上看着上方，以天花板四个角落点的连接，当作眼球移动的轨迹，右上→右下→左下→左上，循环数次。

3. 站在高处俯视下方路口的车潮，将一眼所能见的车流量逐步加大，例如从原本一个路口，增加到两个路口，以此类推。

• 固化记忆的秘诀

不同的记忆可维持不同的时间，有的只有几分钟寿命，

右脑 图像联想：
樱桃很好吃！

cherry
樱桃

有的却刻骨铭心。从生命周期来说，记忆包括登录、储存、提取和遗忘四个步骤。速读的作用主要是和登录阶段有关，这个阶段的记忆强度被称为“瞬间记忆”。

如何更进一步巩固与强化速读后的记忆效果呢？以油漆式速记法的速读原理来说，还必须配合“速读”（塑胚）、“回忆重点”（干燥）与“刺激测验”（锻烧）三个工作环节，就好像工人制作陶瓷的过程。当塑胚完成后，还得经过干燥脱水与锻烧的过程，瓷器才能具体成型。例如大家刚速读完一篇文章后，不妨先休息片刻，泡杯香浓的咖啡，尝试“回忆”刚才的文章重点，并努力将一些关键情节或词句简单书写下来。回忆重点就是一种复习的动作，学习而不复习，时间隔得越久，所剩下的记忆就越少。必须再通过回忆的步骤，才能将瞬间记忆进一步转为短期记忆。

接下来要谈谈刺激测验的过程，这个阶段更是巩固记忆的超强黏合剂。例如我们在经由回忆过程“写完重点整理”后，不妨拿起刚看完的书本，随机翻几页，翻到某页时，用手掌盖住下半页，重新阅读上半页，然后自我测验下半页的可能文意，随即迅速拿开手掌，看看下半页的内容是否和自己的判断相似。

这种揭开谜题般的感受，会产生一种新鲜的心理刺激感。这个自我测验的过程，会对负责保存记忆的“海马体”有相当的刺激效果。

通过“回忆重点”才能将瞬间记忆进一步转为短期记忆

右脑 图像联想：
圣诞老人经常在圣诞节时送礼物给小朋友。

Christmas
圣诞节

【Tips】概念说明

1 瞬间记忆：一切输入大脑记忆系统的信息，首先必须通过感觉器官（如眼睛、耳朵、舌头、皮肤等）产生知觉，当信息的刺激停止后，这种知觉仍可停留极为短暂的时间。感官记忆可容纳大量的信息，不过它仅能短暂性地保留这些信息，称为瞬间记忆。

2 短期记忆：所记的都是现在发生的事件。若未能及时复习，这些记住的东西就会被遗忘。遗忘短期记忆的原因，主要是记忆本身自然的消退和外界的干扰。短期记忆储存的容量非常有限，也称为“工作记忆”。例如大家向查号台查询完电话号码，一旦拨打完毕后，不用一分钟就会忘记。

左脑 句型思考：
She never went to church.
她从未去过教堂做礼拜。

church
教堂

3 海马体：对于记忆影响很大，横跨于左、右脑之间，是人类的学习中枢，接受各种感官传来的信息后，将信息转化为记忆，并通过大脑神经元的运作将新信息与储存的信息相联结。

右脑 图像联想：
这间老教堂已经有几百年历史了。

church
教堂

4 油漆式速记法的观念

英语学习就在生活中

在这个世界已形成“地球村”的时代，全球化的脚步瞬息万变，学好外语成为现代人的当务之急，其中又以英语最为普遍。英语是目前国际最为通用的语言，走到世界的任何角落，英语无疑都是最佳的沟通工具，而且所有的文献数据、网站内容及大量的学术资源都是以英语表达为主。

拥有国际观的人才，更是时下企业的最爱。因此英语成为职场必备的基本条件，毕竟多学会一种语言，资源就多一倍。为了适应国际市场的需求，员工除了具备专业技术能力外，语言上的优势更是提升企业国际竞争力的关键。而且对员工本人来说，学会了英语，能与世界多元文化接轨，还可以从别人的世界反观自己的文化。

学英语就像刷油漆

将日常生活中与英语的接触累积起来。

• 环境的力量

学英语就像刷油漆，凡刷过必留下痕迹。

语言表达是种习惯，千万不要死记硬背，重要在于培养出“语感”（feel）。就像是一位成功的舞者，表演时必须忘记刻板的舞步规则，而是将整个舞蹈动作融入自己的灵魂，这样的表现才会自然生动。

右脑 图像联想：
用放大镜观察蚂蚁，可以看得很清楚。

clear
清楚的

学英语就好像我们在墙上刷油漆一样，不论所刷的面积大小，只要曾经刷过，都会留下明显痕迹。而日常生活中所接触到的英语信息——凡是用英语写的，你看得到、听得到的英语，点点滴滴都会在大脑中累积。越多的英语信息进入大脑，就越容易让英语在大脑中形成习惯性的逻辑，这就是语感。

大家经常可以看到许多移民美国的老先生、老太太，出国前不曾学过英语，不过因为身处异乡，不论是上菜市场、看电视、坐交通工具，身边到处都是英语，被迫地听与看，时间一久，英语的语感就会奇迹般地出现，虽然他们待在美国没几个月，讲起英语来却能头头是道。大家千万不要小看这种现象，这就是环境对于英语学习的帮助力量。

学英语到底有什么快捷方式呢？其实只要把你丢进英语的环境，很快你就会被迫或自然学会英语，要学好一种语言，能有那样的环境最棒。不过并不是每个人都有机会到英语系国家待上几年，那该怎么办呢？此时你必须在自己的日常生活中打造出一个全英语化的环境。

你必须在自己的日常生活中打造出一个全英语化的环境。

例如每天叫你起床的是BBC（英国广播公司）的广播，睁开眼看到的是CNN（美国有线电视新闻网）的电视节目或全英文的报刊，日常交谈也常用英语，就像自己生活在美国一样。大家成长在国际化且信息发达的时代，其实相当幸运，因为阅读和使用英语的环境并不缺乏，就看你有没有努力设法去接近。

• 阅读就像滚雪球

我很喜欢躲到诚品书店里看书，找个不起眼的角落坐下，

右脑 图像联想：
这杯咖啡旁边放了几颗方糖。

coffee
咖啡

顺便吹吹免费的空调。不论是英语小说或者杂志，甚至一段小文章都是我主动阅读的对象。

阅读可能是最不受环境限制的学习活动，阅读的效果就像从山上往下滚的雪球，滚得越久雪球就越大，不但能够累积个人更多的背景知识，而且促使大脑神经元细胞分支更茂盛，神经回路联结速度更快，记忆与学习能力都会有意想不到的大幅提升。

英语进步是可以累积的，持续广泛阅读，就像拿着一把蘸满英语元素的滚筒刷，在大脑皮层中来回滚动地刷，一段时间以后，无论是在听、说、读、写各方面都会有显著的进步！

其实对许多人来说，阅读整篇英语绝对是一种很沉重的心理负担，多半的读者主要是因为担心看不懂而产生了不安全感。建议大家开始时不妨先选择阅读自己喜欢的短篇文章，千万不要一开始就挑难度较高的英语报纸或专业杂志，简单来说，首先就是要建立信心。

成功决定于感觉，信心才会带来速度！

这就好比在体育课时走平衡木一样，如果心里怕摔倒而只敢在原地磨蹭，那肯定没走几步就会因为站不稳而掉下来。反观那些训练有素的体操高手，怀着十足的信心勇往直前，还能表演出许多花式的高难度动作。

如果是阅读长篇的文章，要将重点放在了解文章内容，而不是分析语法，甚至停下来查字典上，这都是降低阅读速度和乐趣的元凶。虽然信心能带来阅读速度，但罗马不是一天建成的，有些文章看得快还是不懂。油漆式速记法独创的“多层次复习”就是一个十分有用的方法，协助初学者克服不安全感。不要期待一次就把文章看懂，多读几次才是王道。

右脑 图像联想：
天气变得寒冷，外面开始下雪了。

cold
寒冷的

培养自己在每次阅读时，一遇到看不懂的地方就想着下一次阅读时再解决的宽容心境，这样做也能让大脑在当下产生帮助理解的 α 脑电波。

不要期待一次就看懂，多读几次才是王道。

• 看视频也算阅读

广泛英语阅读的定义，绝对不是限定于书籍或刊物，应该体现在日常生活中，最好能跟随个人兴趣，持续进行大量、快速的阅读，范围包括现代多元化的媒体。例如看视频、浏览英语网页、读手机上的英语广告信息等，都可以算是英语阅读的理想标的。

其中通过看视频，如影视剧集，学习最新流行的生活英语，更是公认的效果显著的方式。因为视频不只是有字幕，更像是一本具备视觉享受的有声书，通过视频中人物间鲜活的对话，不但能学到静态书本中无法表达的语气变化，还可以让你的听力突飞猛进。

我们知道任何语言都是活的，随时随地都在不断演变中，学习陈旧的语言毫无新鲜感。像我们熟悉的中文，十几年前对介入别人婚姻的第三者称为“狐狸精”，最近随着电视节目的流行用语，大家又习惯把这些角色称为“小三”。

台湾地区的学生喜欢讲正确却过时的英语，这是经常被外籍老师批评的缺点，就是像“She is so miserable”(她很可悲)。这句话的翻译跟用法都没错，但这是比较老式的用法，现在流行的用法应该是“She is so pathetic（她很可悲)”。因为“pathetic”是现在的流行语。

看视频学英语的重点不在于内容的新旧，也无关乎你是否曾经看过，多看就有帮助，当然大家也可以根据个人的英

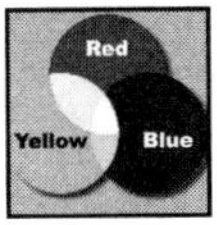

语程度或特定学习目标选择适合的影片。

由于中文是母语，它对我们的眼球来说有无比强大的吸引力，只要有中文字幕摆在那里，你一定会想看。通常一般人会不自觉地通过中文字幕理解英语，因此只看一遍是不够的，那充其量只能叫娱乐。

以我之前的经验来说，通常先看一遍带中文字幕的视频，让脑海中有些印象，然后把中文字幕关掉重看，接着再看一遍带英语字幕的。至于听力的练习，一开始当然不可能完全听懂，但通常影视剧集的对话不难，听久了自然就学会了，而且随着剧情越来越精彩，很快就能听得懂剧中的每一句台词。

有些人主张应该多看几次英语字幕，把每个视频都当成教科书来研究，甚至整理视频中的单词来背，这样刻意的做法对英语系的学生来说也许效果不错，但对普通人来说，未必如此。我则会建议一般人不如平常多看几部影视剧集，如果常把学英语的念头放在脑海中，可能β脑电波又会跑出来作怪了。

• 语言代表一种文化

学任何语言的最高目标不是掌握它的表达形式，而是习得语言背后的文化思想！语言不仅仅代表一种沟通方式，更代表了一种文化，需要长时间的投入和兴趣的培养。要掌握一个国家的语言，必须先了解这个国家的文化，才能真正融入他们的思想。

要掌握一个国家的语言，必须先了解这个国家的文化。

因此一个学外语的人，如果不能深入了解当地的文化，绝对无法将此种语言学得透彻，尝试了解英语系国家的文化与当地人的生活态度，会让人在潜移默化中突破语言的障碍。除了

右脑 图像联想：
好山好水、空气清新是乡村的特色。

country
乡村

把英语融入生活，最好还要学习英语文化圈的思维与做事方式。

通常对于国内大多数学习英语的人说来，总觉得英国人和美国人使用的是完全相同的语言，其实美式英语与英式英语虽然系出同源，但是二者在腔调、口语、表达习惯上却大相径庭。

以我个人亲身的体验与观察，英国人具有绅士般温文尔雅的特质，凡事讲求品味、格调和比较礼貌的用词，不过他们保守且不容易接受新的事物，也不太愿意与别人分享自己的想法和私事，经常会让人觉得有种内敛且难以亲近的感觉。

美国则是个典型的移民之国，它的祖先来自全球各地，美国历史一个相当重要的部分就是西部开发史。美国牛仔的精神就是拓荒者精神，多数的美国人较为豪放不羁，崇尚自由、热情，容易与人相处。

例如美国人的文化习俗中形成了非常难得的包容性，他们的社会阶级观念相对而言比较淡薄，所以他们没有家族世袭的头衔，对地位、身分并不十分看重。他们的姓氏常用职业头衔作为称呼，例如 Smith（代表铁匠）、Farmer（代表农夫）、Miller（代表磨坊主）、Taylor（代表裁缝师）、Baker（代表面点师）……

美国人以不拘礼节（informality）著称于世，在实际生活中，许多华尔街上班族通常打扮休闲（casually）、穿牛仔裤、不系领带就来参加会议；课堂中教授口沫横飞，讲到忘情处，会一屁股坐到讲桌上，完全没有老师的架子。

从文化角度上讲，这与他们重视民主平等的观念息息相关，待人接物时就没必要过分讲究阶级式的繁文缛节了。不过他们不拘小节的行为方式和拿脏话当口头语的做法，有时却令人不知如何招架。例如他们动不动就把“the hell”

右脑 图像联想：
一台轿车意外撞上了出租车。

crash
碰撞

这样不太文雅的词语挂在嘴边，如果你是女性，千万别使用才好。

“What the hell is the movie?”（这是什么鬼电影啊？）

“What the hell is he doing?”（他到底在干什么勾当？）

除非一个人从事某种专业性工作，如医生、教授等，美国人平常不喜欢使用正式名衔。这是因为美国人强调彼此间的友好关系，而不重视头衔、地位。美国人认为即使直接称呼一个人的名字，也可以从态度上对其表示尊敬。这也包括了父母子女间的关系，因为美国人认为直呼其名，反而更容易表示友善和亲切。他们经常会说：“别叫我克林顿太太，叫我玛丽好了。”

其实世界上使用英语作为官方语言的国家不少，不同国家在使用时发展出自己的独特性。但对不同地方的差异性不清楚也无妨，从学习英语主流文化的角度来说，我建议还是以美式英语（American English）为主。毕竟东、西方的文化还是有差距的，英语词汇的语义都融入了文化内涵，只有认同并了解其文化，才能真正帮助你学会用英语来沟通与表达。

例如中国人在遣词造句上，较喜欢用一些华丽典雅的词藻，这点就和美国人大相径庭。因为现代美国人生活繁忙且紧张，特别讲究时间与金钱，近年来许多美国学者都呼吁学生写作时，尽量不使用长词（long word）或过时词汇（old-fashioned word），例如在提到“城市”时，使用“city”这个词会比“metropolis”更为适合。

• 英语只是一种沟通工具，重点是要能利用这种工具！

中国学生在学习英语时，都被教育成把英语当作如物理或数学般的理解性知识来学习，每天反复研究一堆千奇百怪的语法规则，把学习语言原本的美感弄得乌烟瘴气。

右脑 图像联想：
这个花环要拿来装饰圣诞舞会。

decorate
装饰

的确，国内大多数学生都只是为了考试的结果学英语，而忽略了学英语最重要的就是能与外国人沟通，即使没有完全听懂或者没有百分之百表达语意，只要能说得通，彼此能理解对方想传达的信息，就达成了沟通的效果。

就拿当年我准备搭乘飞机赴美留学当例子，那时由于自己的预算不多，加上希望能早点适应英语环境，就没有搭乘有着舒适汉语服务的华航公司或长荣公司，特别选择了西北航空公司（Northwest Airline）。

上飞机后，偷偷往机舱内看去，乘客绝大部分都是人高马大的老外，机上的空乘人员也清一色是金发碧眼的美国人，心中不免窃喜，自己从来不曾形单影只地混在外国人群中，出国前苦练多时的英语，看来等会儿就可以派上用场了。赶紧找到自己的位子，并把随身行李放好。

飞机在高空飞行了一段时间后，我突然觉得口有点渴，想向一位空姐要杯冰水喝，自忖这只是段简单的对话，正准备要开口之际，各种语法规则突然如潮水般冲向脑门，一时半刻间竟然吐不出一个单词来。

心想好歹我刚通过各种留学考试的严格考验，怎么会遇到这种“书到用时方恨少”的窘境，后来看到那位空姐眼巴巴地看着我的无奈神情，万般情急之下，只好面红耳赤地脱口说：“Stewardess, could you give me a cup of ice water?”只见那位空姐先是一愣，接着似乎恍然大悟般地回答：“OK！”

后来在美国生活久了，回想起这段往事，才知道这段话虽然是符合英语语法的句子，只可惜太过正经八百，也就是不够口语化（oral style），简单来说，美国人根本不会这样讲。其实当时我只需要简单地说：“Ma'am, ice water, please.”不但可以说得通，感觉上也有地道的美国味儿！

英语表达的重点讲究的是言简意赅，尤其是会话，越是

右脑 图像联想：
我手上握着几百美元的钞票。

dollar
元

口语化越好，只要你敢开口说，会话真的是最简单的一个部分。语言不是拿来考试或者炫耀的，它只是一种生活工具，能用英语沟通，就是好英语！

Happy 学英语

对于正在努力学英语的读者而言，最大的抱怨就是嫌自己的记性不好，没有办法一股脑儿地将这些陌生的单词、音标、语法等英语元素塞进大脑中。其实天底下并没有记性不好这回事，只是有没有下定决心来开发大脑的无限潜能。

天底下并没有记性不好这回事。

许多最新的研究报告指出，平时就要勇于面对新环境，尝试新方法，通过改变习惯动作和传统思维加强对大脑的刺激，让思路变得越来越敏捷。想要善用大脑，其实非常简单，其中“感兴趣”就是开发大脑能量的源头。对于自己有兴趣

左脑 句型思考：
Would you like to put your pie and doughnuts in a separate bag?
需要用另外的袋子装派和甜甜圈吗？

doughnut
甜甜圈

的东西，大脑就很积极，记忆与学习效果也会特别好。

油漆式速记法本身就是一套开发大脑潜能的方法，任何能够让大脑感兴趣的学习方法，往往都会有事半功倍的效果，如果能够把英语学习融合在自己有兴趣的休闲娱乐里，就能真正做到轻松快活学英语！

【Tips】概念说明

大脑的学习效果：当大家遇到感兴趣的事物或在心情愉快的状况下，除了脑电波会呈现 α 波状态，大脑也会自然释放出一种名为“安多芬”(endorphin)的荷尔蒙，俗称“脑内啡”，这种荷尔蒙对于脑神经元的联结有非常大的帮助，还能提高人体的免疫机能。

右脑 图像联想：
甜甜圈是受欢迎的甜点。

doughnut
甜甜圈

• **享受一个人的旅行**

学英语本来就该时时刻刻保持新鲜感并充满期待，许多人学英语的动力就是想环游世界，体验不同的人生和文化经历，国外旅行便提供了快速学好英语的机会。

其实到外国去旅游，不妨多尝试几种新鲜而且能接触外国人的方式，大家别忘记了，改变是让大脑变聪明的主要原因。例如在国外旅游时，购物（shopping）是最常见的体验，当然也是练习英语会话的大好机会。通常懂得购物的门道及技巧，一定可以买到物美价廉的东西，最实用的技巧就是——“货比三家不吃亏”。

入住国外旅馆当然是一个自我练习英语的好选择，因为服务人员多半训练有素，称得上是最友善的英语老师。即使你说着一口烂英语，他们也会很有耐心地倾听与回答。我每次在旅馆中最大的乐趣是，尽量找机会跟不同的服务人员交谈，经常会有学习上的小惊喜。

到国外除了能体验不同的风俗民情，尝试不同的美食也是很大的乐趣及享受！想学好英语，从吃的方面着手是一种快捷方式。在国外餐厅点菜可是一门大学问，也是一个好机会，餐桌是学习英语的极佳场所，包括了菜单词汇、用餐对话与服装礼仪等。

在国外餐厅看菜单时，看不懂的菜名千万要问个清楚，否则会哑巴吃黄连，有苦说不出了。另外份量也不要叫太多，尤其是欧美人士一人份的量，大概够我们两个人吃了。像是“refreshments”和“dessert”在菜单上都指“点心”，但“refreshments”是包含餐后整套的饮料或甜品，“dessert”指的则是单点如布丁、水果派等甜品，使用上也较为普遍。

- **运动不忘学英语**

运动是生活中最能表现青春活力与朝气的方式，大家平

常就应该培养喜欢的运动，进而收看国外的运动赛事转播，如果能够懂基本的比赛规则，边看边猜播报员的意思也是种速成的英语学习方法。

例如美国人对美式橄榄球（football）非常疯狂，所以许多美国俚语都是从美式橄榄球术语发展而成。就像“quarterback”在美式橄榄球中是“四分卫”的意思，四分卫是进攻组的领袖，也是全队中的灵魂人物，排在中锋的后面，在进攻线的中央，通常是决定比赛输赢的关键人物。

由于球赛多半在星期天下午，到了星期一早晨上班时，大伙总是聚在一起对昨天的球赛议论纷纷，所以“monday morning quarterback”（周一早上的四分卫）通常用来形容那些喜欢放马后炮的大嘴巴。

再谈到棒球，相信周遭许多人都会自认为棒球专家，喜欢侃侃而谈自己的“棒球经”。棒球也是美国人最喜爱的职业运动之一，许多人甚为着迷。美国职业棒球在常规赛时，每逢有热门球队出赛，每场至少有几万名疯狂的观众，场边卖热狗、汉堡的小贩更是到处穿梭，观众经常随着球赛进行的状况欢呼鼓噪。到了季后赛更不用说了，简直是一票难求的盛况。这种情形也影响了英语单词的用法，例如对球场上的观众，美国人就会使用“fans”（粉丝）这个词，用来表现高度热情的状态，而不会使用如“audience”（观众）这个较为平凡的单词。

油漆式速记法要配合整体生活进行

• 脑细胞越活化，学习语言成效越好

小时候常听长辈们说：“多吃鱼，头脑才会变聪明。”这句话还真是一语道出了食物对于大脑的影响。为了让脑细胞更加活化，就必须摄取对大脑有益的食物，才能提高记忆与

右脑 图像联想：
用电子邮件联络很迅速。

email
电子邮件

学习能力。因此在使用油漆式速记法时，眼睛与大脑必须长时间速读与记忆，如果能够同步配合其他后天的保健方式，将会有更好的学习成效。

摄取对大脑有益的食物，才能提高记忆与学习能力。

例如我们在指导学生使用单词速记法时，都会建议他们在每日起床时，空腹喝杯胡萝卜汁。因为胡萝卜中含丰富的胡萝卜素及维生素 A，不但可以保健眼睛，还能加快大脑的新陈代谢，进而提高记忆力。

早上起床时，往往就是大脑最缺乏能量的时候，因此训练期间建议大家一定要吃早餐，不吃早餐会让记忆力变差，注意力也会不集中。由于脑神经细胞中有约 35% 是蛋白质，多吃含蛋白质的食物，会使得神经元代谢更为活跃。早餐时可以喝杯微甜的温鲜奶与一份少盐的蒸蛋，对蛋白质的补充十分有帮助。

至于睡眠，就好像计算机每天必需的停机时间（shut down），可以让这些之前高速运转的神经轴突得到休息的机会，并能借此整理一些不重要的零碎记忆与修补受损的脑神经细胞。

医学统计指出，人的一天之中有两个生理高峰期。第一个高峰期约在凌晨1—2点；第二个高峰期则是在下午1—2点。顺应生物时钟适时而眠，才能让大脑得到最佳的休息。尤其中午时不妨睡个午觉，是最自然的睡眠行为，可以大幅提升下午的学习效率。

运动能增加脑力吗？当然可以！英国《每日邮报》(Daily Mail）就曾报道，即使是缓和的运动，都能让脑袋越来越灵光。因为运动能让大脑神经元联结得更有效率。想提升记忆力，不仅要动脑，更要每天都动动身体。

右脑 图像联想：
橡皮是学生每天必备的文具。

eraser
橡皮

即使是缓和的运动，都能让脑袋越来越灵光。

适当的运动，除了可以加强人体的心肺功能，以维持我们日常工作和学习所需要的精神和体力，更能够帮助我们刺激血液循环的流通量，产生促使血管舒张的NO（一氧化氮）。

当血流量增加时，就表示能运送更多的带氧血红素与葡萄糖到大脑神经元，促进大脑分泌脑源性神经营养因子（Brain Derived Neurotrophic Factor, BDNF），它是海马体中一种帮助神经生长的蛋白质。请大家回想一下，每次运动完后，是不是全身都充满活力，大脑也都容易正向思考。

在我们使用油漆式速记法时，如果能特别注意保持每日运动的习惯，比如起床后去跑步或游泳，或者在黄昏时去打场篮球，借助有规律的运动，一定会加强速记单词的成效。

【Tips】概念说明

胡萝卜汁中所含维生素A的功效：视网膜杆状细胞中的“视紫红质”（rhodopsin）是维持视力相当重要的感光物质，能使眼睛适应光线的变化，对于长期操作计算机的用户来说，很容易造成视紫红质的消耗，而视紫红质主要是由维生素A合成。

CHAPTER

油漆式速记法与全脑训练

1 引言

一切知识不过是记忆

古希腊大哲学家柏拉图说过：“一切知识不过是记忆而已。”

一切知识不过是记忆而已。

市面上优良的英语教学法五花八门，各自都有不错的立论，但都是强调英语是一门累积渐进的学问，即使是你高中学会的内容也可能会在大学的课程中出现。学好英语绝对没有快捷方式，千万不要梦想一步登天，英语可不像超市里的方便食品，打开包装，微波加热后就可以大口享用。

许多传统英语教学专家更夸张地形容：学英语通常是笑着开始，哭着结束。目的就是不断强调学好英语是门天大的学问，似乎没有下过铁杵磨成针的功夫，就不要梦想自己能拥有优秀的英语能力。然而这种善意的忠告，对许多莘莘学子来说，在学习英语前就先形成可怕的阴影。

人类所有的学习都是一种知识累积的过程，而知识的累积必须靠记忆来维持。对于母语非英语的学生而言，学英语最累人的地方无非需要非常好的记忆力，记忆力的好坏当然直接影响到学习效果。

例如，刚学习一个新的英语句式，会先把它记录在大脑的“短期记忆区”里，那是随时准备删除的记忆区域，除非你每天复习这个句子高达数十遍，大脑才会把它存进“长期记忆区”，否则你学英语便会随学随忘。

学英语难道没有速成的好方法吗？当然有，好方法就是让

右脑 图像联想：
我得到全校演讲比赛的特优奖牌。

excellent
特优的

大脑来帮忙你学英语。大家如果学英语很吃力，肯定是没有好好开发大脑的记忆潜力！我们知道学英语的过程中，需要花费许多时间在记忆单词与语法规则上，只要缩短这些冗长的记忆阶段，就能帮助大家直接、快速地进入语言学习的大门。

天然的尚好

“天然的尚好！”这是一句很热门的电视广告词。

本书介绍的油漆式速记法就是一套最天然的记忆法，能够直接开发你的大脑潜能来增强记忆力；不同于市面上许多纸上谈兵的速记术，只是单纯利用联想法、谐音法和简图法等记忆学理论来强化记忆力。

一个人越常运用大脑思考或学习，大脑的神经回路越顺畅，记忆力自然就会越好。简单来说，油漆式速记法主张，记忆力的好坏与饮食、运动、经验，甚至后天阅读习惯都息息相关。

记忆力的好坏与饮食、运动、经验，甚至后天阅读习惯都息息相关。

例如许多老年痴呆疾病的发生原因，并非来自身体老化，而是因为生活缺乏刺激，大脑没有足够的活化运动。许多研究也证明，平日常玩国际象棋、桥牌、麻将的老人，比不玩游戏的老年人减少一半以上罹患老年痴呆症的概率。

天底下绝对没有记忆力不好这回事，只是有没有下定决心来开发大脑的潜能。大脑和肌肉一样，必须勤于锻炼才会有更好的功能。油漆式速记法能够快速增强记忆力与阅读能力，让大家在短期内轻松学好英语。

右脑 图像联想：
这只宝石戒指的价格非常昂贵。

expensive
昂贵的

大脑和肌肉一样，必须勤于锻炼才会有更好的功能。

油漆式速记法与英语单词

- **单词的爱恨情仇**

不论你是否认同背单词的重要性，判断一个人的英语程度，单词量的多寡确实占据了重要的位置。英语能力和词汇能力绝对是成正比的，许多人没有打好英语基础最主要的原因就在于认识的单词有限，虽然单词不是万能的，但要学好英语，少了单词可真的是万万不能的。

要学好英语，少了单词可真的是万万不能的。

大部分英语听力不好的人，对别人流利的对话经常是“鸭子听雷——听了也不动（懂）”，归根结底多半是因为有些单词听不懂，连续而来的谈话自然也就越听越迷糊了。

抑或是阅读英语报纸时，只要遇到不认识的单词，大多会停下来查字典，这样学习的过程一直被中断，不但会削弱你想学英语的耐性，也无法真正体验与英语接触的乐趣。

背单词算是学英语的基础功夫。对这一点，大家一定非常赞同。单词懂得越多，使用起英语来自然如鱼得水，有了足够的单词量，才能如古人所说的：“熟读唐诗三百首，不会作诗也会吟！”反之，就如同“巧妇难为无米之炊”。

如果想要好好提升英语听、说、读、写的能力，就得记下一定数量的单词才行！油漆式速记法对于学习英语的最佳帮助，就是在最短时间内帮助学习者记下大量单词。

右脑 图像联想：
看到天平就会想到公平的重要性。

fair
公平的

- **油漆式速记法与背单词**

背单词，是个不折不扣的小事情，但是背大量单词，可真是一个如假包换的大工程。我发现有许多学生在背单词时，最常见的现象是对着每个单词念念有词，手上还拿着笔不停写写画画，认为每个单词记忆的时间越久，就能记得越牢，这个想法其实大错特错。

对于一切输入大脑记忆系统的信息，首先必须通过感觉器官（如眼睛、耳朵、舌头、皮肤等）产生知觉，当信息的刺激停止后，这种知觉仍可停留极为短暂的时间，即形成瞬间记忆或感官记忆。这种记忆可以容纳大量的信息，但这些信息的保留却非常短暂。例如当你经过一条路，路边有很多的招牌与商店，经过时的瞬间脑海中可能有一点印象，但走完这段路后大概就全忘光了。

背单词时的记忆就是属于瞬间记忆，它是一种未经任何加工的形式，对外界信息最原始反应的一种感官记忆，即使当下你花再多时间，对这个单词的记忆效果都非常有限。

背单词时绝对不要卡在某个单词上，也不要认为字母越多的单词要花的时间越长，其实对大脑而言哪有什么长短之分，每个单词平均只要花 2~3 秒来背就可以达到同样的瞬间记忆效果。短时间背大量单词的做法，就像是现代化工厂中的一体化作业生产线，将每个产品的制造时间平均化，这样才能够大量生产。

为什么油漆式速记法特别强调要大量背单词，因为大脑这种器官向来是遇强则强，输入大脑记忆的单词量越大，反而会记得越快。从学英语的角度来说，能够越快记住尽可能多的单词，英语学好的概率就越大。

速读的真正价值在于，为了大量输入，而忽略某些不切实际的精确要求。

右脑 图像联想：
家人有爸爸、妈妈、儿子、女儿。

family
家人

能够越快记住尽可能多的单词，英语学好的概率就越大。

许多英语单词可能有数个不同的中文解释，为了符合油漆式的速读原则，刚开始只要认识这个单词的单一中文解释即可。我们要求的是认识（recognize）大量单词，而不是马上记熟（memorize）其中的每一个单词，所以不必要求每个字母都得精准地记忆下来，不过要做到看到某个单词，就能马上转换它的中文词意。

背单词还有一种怪现象，就是大家也许可以在 10 分钟内背完 10 个单词，但是绝不可能 100 分钟连续背上 100 个单词，照这种速度，一年也背不完 2000 个单词。主要的原因在于这种逐词背的方式，容易造成心理上的压力，同时会产生大量的 β 脑电波，在此状态下人的身心能量耗费剧烈，很快就会疲倦。

想记的念头越强，大脑的记忆中枢反而陷入空转，越是记不起来。

许多人对于“记不住”这个念头有着与生俱来的恐惧，常常在背单词时，怕忘了刚才背过的单词，忍不住又回头去想，正因为想记的念头越强，交感神经异常的收缩动作反而使大脑的记忆中枢陷入空转，越是记不起来。

以背大量单词为目标，千万要放松心情，就算忘了一些，但还是记住的单词居多，效率还是比你慢慢背单词好太多

右脑 图像联想：
一望无际的农场上有许多牛羊。

farm
农场

了，就像我们刷油漆时有些地方没有刷到，下一次再刷时就可补齐。

如果第一次有遗忘的单词，还可以在第二次复习时补记，这也符合油漆式速记法的多层次复习理念：“永远期待下一次的复习，来弥补前一次某些可容许范围内的遗忘。”记忆而不复习，时间隔越久，所剩下的瞬间记忆就会消失得越多，通过日后多层次复习的动作，才能将瞬间记忆进一步转为短期记忆。

油漆式速记单词理论就是一种将单词快速转化为长期记忆的过程，除了以上的原则外，还特别融合了右脑图像与左脑分析记忆的技巧，让大家所背的单词在短时间内真正转为长期记忆。在后续的章节中将为大家详细介绍这个内容。

faucet
水龙头

【Tips】概念说明

1 交感神经与记忆力：交感神经属于身体自律神经系统的一部分，让人体能实时应付外来的紧急状况，交感神经亢奋会造成大脑缺氧，让血液循环不流畅，甚至引起瞳孔放大、视幅缩小等问题，最后就会造成记忆力衰退。好比大家在考试当下，越想记起原本背得滚瓜烂熟的公式，却发现自己脑海中一片空白。

2 瞬间记忆→短期记忆→长期记忆：长期记忆接管了从瞬间记忆和短期记忆所转入的信息，它储存信息的时间长，具有无限容量、无限期储存的优点。长期记忆的信息内容多半经过整理与归类，是以组织状态被储存起来。游泳就是属于长期记忆，只要学会游泳，即使十年未游泳，也不会忘记。

右脑 图像联想：
忘了关水龙头，水不断流出来。

faucet
水龙头

2 运用右脑图像学习英语单词

油漆式速记法与语法、句型

• 千万不要学语法

任何语言的语法规则都是经过千百年演变的结晶，代表了该地区特有的文化与艺术特色。语法不是语言的宪法，只是一种对语言惯例进行全面整理的系统描述，它本身不是僵硬的东西，实际应用才最重要。

语法不是语言的宪法，实际应用才最重要。

现在许多语法老师都用填鸭式的教学方法，将语法规则编辑得有如法律条文，更要求学生做到倒背如流。这样的做法让学生在使用英语时，都要深思熟虑，看看该用哪条语法规则才适当，完全失去了沟通表达的意义。例如要他说几句英语，却吞吞吐吐，或者请他写几句英语，也是头皮发麻，半天写不出几个单词。

请问大家在说中文时会先思考语法结构是否无误之后再说出口吗？肯定不会！当然老外在说英语的时候也完全不会去思考任何语法规则！为什么许多人都只能说些简单的句子，不是不懂语法，而是平常没有使用语法句型的习惯，反映出他们学英语时都只片断式地记忆某些单词、词组或是语法规则。

千万别学语法！这是要学好英语的首要规则。

了解英语其实不需要靠语法书的规则，千万不要像研究数学一样学习一门语言，语言是活泼的、有生命的，语法的

右脑 图像联想：
这卷胶卷的照片还没冲洗出来。

film
胶卷；电影

规范也不过是习惯成自然。语法书最好是在学习句型和单词一年半载之后，再当作辅助的参考书籍，在有疑惑的时候才去查阅。

我主张学习语法应该从阅读短篇文章开始，文章看得多了之后，语法能力会自然地建立。油漆式速记法提出大量速读短文与多层次复习，会让大脑累积丰富的英语背景知识，再配合多层次复习来加强效果，语法规则会在潜移默化中融入语言中枢。这么一来，语法已不再是冰冷的语言规则，而是自然而然的语言习惯。

- **语法是造句的规则**

英语学习从来都不脱离语法和句子结构，从语言结构学来看，句子才是最基本的语意单位，单词反而不是主角。除非能像电影《黑客帝国》的主角一样，可以直接将程序芯片植入大脑那样神奇，否则英语要好，句型的长期训练绝对不能少。句型的应用扮演着很重要的角色，更能丰富你的日常口语表达。任何语言都一样，想要灵活使用，就要根据正确的句型把单词组织好。

大家千万不要以为学英语只要记好单词，就可以不去管相关的例句，因为很可能过了一段时间，就会完全忘掉这个单词，而且就算勉强记住了，在语言沟通上也不知道如何灵活使用它。油漆式速记法中全脑学习的概念，就是配合右脑联想记忆与左脑分析的原则，让学习英语变成左、右脑共鸣下的双赢效果。

此外，语法就是英语所有的造句规则，与其分析合不合语法，不如去分析句子结构。不要花时间死记一些冷僻的语法怪例，而应该多花在英语句子的研读上，因此想流畅说英语之前，必须累积足够的英语句型观念。

除了大量阅读短文之外，从整个句子学习语法也是最佳

右脑 图像联想：
他伸出手指比了胜利的V手势。

finger
手指

的快捷方式，如果能正确应用，确实没有必要对语法追根究底。当时间久了，学到的句子会牢牢地记在脑袋里，变成一种直觉，根本不需要思考就可以反应了。

想流畅说英语之前，必须累积足够的英语句型观念。

举个例子，如果大家已经把研究语法的时间用来阅读、熟悉生活周边出现的英语句子，当你在阅读英语报纸、小说时，就算遇到再长的句子或复杂的结构，你将“直觉式”地化解这些困难，任何英语都难不倒你。

让英语变成大脑语言中枢中一个直觉式逻辑，在使用时让你的舌尖与指尖超越你的思考速度，这样就能说得好与写得好。不懂语法也能讲，因为在学英语会话的同时，语法就已经在句子里了。彻底抛开语法，不要因为用错就打断了沟通的流畅性。

专家认为多数人终其一生只运用了约3%的大脑，其余的97%都以沉睡状态蕴藏在右脑潜能中。由于一般人的右脑几乎长期处于压抑的状态，因而日渐丧失功能，这也造成了左、右脑失衡，除非靠后天努力开发与培养，才得以将自己的潜能发挥出来。

左脑的主要功用是把外界接收到的信息转换成语言或文本模式，属于"线性处理"型态的一种短期记忆。右脑则具备将所见所闻的事物，全部转化为图像化记忆的能力，右脑可处理的记忆量远远超出左脑的100万倍，以右脑进行图像记忆，可以在最短的时间内，将大量信息储存于长期记忆中。

图像可以快速加深我们的记忆，例如我们花了一个半小时就看完《哈利·波特》的电影，多年后在脑海里仍然记得

右脑 图像联想：
大鞭炮通常是贺新年用的。

firecracker
鞭炮

影片中的场景。如果是阅读小说原著，不但可能花上三天三夜也看不完，几个月后印象就可能十分模糊了。

人类的语言能力大都由左脑掌控，右脑则负责辨识图像与空间。

例如有个老外在地铁站用英语问你，到颐和园该怎么走？

习惯用左脑思考的人马上会想到这是哪种句型，为什么用这种语法结构，自己又该用哪个句子回答较好。

不过经常使用右脑思考的人就不同了，脑海中立刻浮现的是到颐和园沿路经过的地铁站的景象，包括了车箱内拥挤的人群与颐和园优美的景色，会不假思索地直接以英语回答对方。

因此英语要学好，就要善于利用右脑。利用右脑学习英语，能让语言表达充满感性与创新，所表现出来的是直觉式的快速语感，而不会出现翻译式的中式英语。

右脑有氧体操

"食补大于药补，科学补又大于食补！"

所谓的"科学补"，就是通过右脑有氧体操来开发更佳的右脑记忆力。充分活用右脑，能够将潜藏在脑内未被开发的潜能发挥出来。为了达到这个目的，就必须让右脑做有氧体操，以期激发最大化的脑力潜能。

改变是大脑的本性。长期养成的习惯往往是让右脑衰退的大敌，所以即使原先习惯右手的人，试着多用左手操作，最简单的方法是左手和左手指的运动。因为左半身器官的运动也会刺激右脑，像是按鼠标、投篮、拿筷子和打电话等。

右脑 图像联想：
在台风夜停电时可以用手电筒。

flashlight
手电筒

如果能偶尔试着欣赏不同的表演节目，或观看平常不看的运动节目，逛逛不同风格的餐厅，看一些稀奇古怪的漫画，勇于尝试没吃过的菜肴，同样也能激发我们的右脑潜能。

当然平常多进行图像式思考，通过影像信息给予大脑深刻记忆的练习，是开发右脑潜能的最好方法。例如我们背英语单词时，最好能把呆板的英语字母转换成活泼的右脑图像，就可到收事半功倍的记忆效果，10 天内就有可能记下 1000 个英语单词。

声音是右脑的灵魂

任何一种语言的灵魂都在于它的发音，而不是语法或结构。中文和英语最基础的差别是中文字的发音跟字本身的关系不大，英语则属于拼音语言，声音与字形相互关联，单词跟发音之间有着十分密切的联系。

英语则属于拼音语言，声音与字形相互关联。

中国的许多老师多半都把音标当成中文的注音符号，这样的教学方法把英语最重要的发音跟文字的链接关系给破坏了。掌握不好英语发音的结果，就造成了学生英语笔试的成绩不错，但是始终无法和外国人对话。

听力训练则是英语学习过程中非常重要的一环，如果听不懂对方说话的内容，就无法理解各种信息，更无法顺利地组织语言。

右脑俗称为“音乐脑”，拥有卓越的造型能力和敏感听觉，所以它有绝对的音感。声音是归右脑处理的，要突破听力瓶颈，右脑就要发挥辅助的功用。

右脑 图像联想：
这朵花迎着阳光绽放。

flower
花

例如我们可以在空闲时多听些不同旋律的英语歌曲，不但可以增进英语听力和学好英语发音，同时从歌词中可以学到不少单词，提升英语理解能力。平常喜欢听中文流行歌曲的朋友，不如鼓起勇气试试听英语 RAP 歌曲，即使是行为上小小的改变，也会让右脑开始思考，并对大脑皮层产生良性刺激。

因为对这些未知英语歌曲的好奇与探索，让它们对右脑潜能产生更正向的反应，尤其右脑潜移默化中所形成的共鸣，会让大脑产生适合学习的 α 脑电波，具有事半功倍的效果。

图片优势效应

油漆式速记法能够帮助大家在短时间内记住大量单词的原理，除了图像记忆的功用，最重要的就是联想力的应用。例如在背单词时，马上达到右脑图像记忆并不容易，也非一朝一夕就可以做到，大家首先要学习如何将由字母组成的英语单词，通过联想转换成辅助记忆的右脑图像。

对背单词来说，卡通化、夸张化、色彩化是图像联想的三个基本原则。脑海中的图像越生动鲜明，记忆就越持久，所以图像的生动化是速记成效的一个重要关键。

图像的生动化是速记成效的一个重要关键。

越是前所未见、荒诞不经的事物，就越容易在脑海中产生深刻的印象，原因在于大脑特别容易记住具有强烈感官刺激的信息。输入大脑的信息越具有可视化的效果，对于感知与记忆的效果就会越好。这种现象，我们称为“图片优势效应”(pictorial superiority effect)。

讲到“橙子”(orange)这个单词，可以轻而易举想到桌上一颗黄澄澄的球状物，而提到“熊猫”(panda)，不妨想

右脑 图像联想：
桌上放着烤鸡、烧肉等好吃的食物。

food
食物

象成《功夫熊猫》电影中，那只活蹦乱跳学武功的阿宝，一副圆滚滚又好吃懒做的模样。

不过有些单词就很抽象了，无法马上以具象的图形表现，此时就可以用象征性的人事物来替换。例如“梦想”（dream）一词虽然没有具体的意象，但不妨以美国著名的民权运动领袖马丁·路德·金的形象做代表，毕竟“I have a dream”这句话人尽皆知。

超右脑速记单词

前面我滔滔不绝地讲了一堆理论，相信大家可能还无法真实体验右脑图像记忆单词的功效。接下来我们将利用下图内的10个单词来做练习，每个单词以2~3秒的时间速读一遍。在看单词的同时，请立即为单词创造右脑的视觉图像，并对应它的一个中文解释来快速理解。

超右脑单词训练【练习一】STEP 1：速读单词

bachelor n. 学士；未婚男子
vegetarian n. 素食者
wallet n. 皮包
shriek v. 尖叫
ache n. 疼痛
admiration n. 赞叹；钦佩
accomplice n. 共犯
jail n. 牢狱
hail v. 为……欢呼
vehicle n. 车辆；陆上交通工具

请重复上述过程 2~3 次，依照大家的熟悉度而定，并把握住本章所建议的联想原则，请直接选择第一个中文意思来创造图像，那通常也是这个单词使用频率最高的中文含义。大家在看到每一个单词的同时，理解加上联想，先大致拼凑出个别图像的架构，并对应一个中文词意快速理解。下面是我们所设计与提供的 10 个右脑图像建议，大家当然可以各自发挥想象力，天马行空自行创造。

右脑 图像联想：
这对刀叉是吃西餐用的。

fork
叉子

超右脑单词训练【练习一】STEP 2：右脑图像联想

bachelor 学士

右脑联想建议：
在毕业典礼上，头戴垂着帽穗的学士帽，手上捧着毕业证书，一看就知道是从大学毕业的人。

vegetarian 素食者

右脑联想建议：
双手合十的光头小和尚（素食者），身边围绕着青椒、胡萝卜、花椰菜、蘑菇等常吃的蔬菜。

wallet 皮包

右脑联想建议：
女士们手上那些五颜六色的皮包，有皮夹、小钱包、皮制小旅行袋等。

shriek 尖叫

右脑联想建议：
一个小朋友突然发现爸爸妈妈不见了，扯开嗓门拼命大叫。

ache 疼痛

右脑联想建议：
一个全身缠满了绷带的病人，还得拄着拐杖才能走路，光看样子就知道一定痛得要命。

左脑 句型思考：
Some furniture was broken when we moved.
当我们搬家时有些家具受损了。

furniture
家具

admiration 赞叹

右脑联想建议：
某人看到一件精美绝伦的艺术品，满脸兴奋忍不住竖起大拇指大声叫好。

accomplice 共犯

右脑联想建议：
监狱中两个被铐在一起的囚犯，是一对狼狈为奸的难兄难弟。

jail 牢狱

右脑联想建议：
一个被关在铁窗内的犯人，哭丧着脸拉着铁杆，渴望得到自由的样子。

hail 为……欢呼

右脑联想建议：
两个打扮清凉的啦啦队队员，挥动着彩球载歌载舞地喝彩。

vehicle 车辆

右脑联想建议：
一堆功用不同的陆上交通工具，例如汽车、摩托车、大货车等。

右脑 图像联想：
这组餐桌椅是高级的原木家具。

furniture
家具

接下来请试着把中文解释遮住，并测验是否记得这个单词的中文意思，思考时间约 3~5 秒。

超右脑单词训练【练习一】STEP 3：遮住中文解释复习单词

bachelor
vegetarian
wallet
shriek
ache
admiration
accomplice
jail
hail
vehicle

此时你会发现一看到这些单词，脑海中会先显现刚才的图像，然后才出现中文字义，这就是右脑记忆的好处。初学者要快速达到右脑成像的效果并不容易，需要多多练习，书中只是建议的图像，大家一定要尝试刻画出属于自己的右脑图像。

左脑 句型思考：
No one knows what will happen in the future.
没人知道未来会发生什么事。

future
未来

接下来我们再练习 10 个单词，每个单词还是以 2~3 秒的时间速读一遍，也请选择第一个中文意思来创造右脑图像，试着缩短学习过程，请重复两次即可。

超右脑单词训练【练习二】STEP 1：速读单词

intricate adj. 复杂的；难懂的
celebrate v. 庆祝
weather n. 天气
versatile adj. 多才多艺的
weapon n. 武器；兵器
hack v. 砍
creep v. 爬行；潜行
contentious adj. 好争吵的
abate v. 平息；减退
accuracy n. 精确；正确

下面是我们对这 10 个单词的创意图像，大家不妨自行参考练习。

右脑 图像联想：
小孩未来也会变老的。

future
未来

超右脑单词训练【练习二】STEP 2：右脑图像联想

intricate 难懂的

intricate

右脑联想建议：
想想当学生在考试时，看到一个想破了脑袋都解决不了的题目，那种愁眉苦脸的模样。

celebrate 庆祝

celebrate

右脑联想建议：
想到准备许多蛋糕与蜡烛来祝贺别人生日的场景，喜气洋洋的感觉。

weather 天气

weather

右脑联想建议：
天气是太阳、云朵与雨滴的变化，夸张点想到云朵流泪了，这些泪水就是雨滴，当然要准备带雨伞了。

versatile 多才多艺的

versatile

右脑联想建议：
一个漂亮的女生不但会弹钢琴，还会拉小提琴、打鼓、画画，甚至还会打乒乓球。

weapon 武器

weapon

右脑联想建议：
一堆杀气腾腾的刀、斧头、长矛、盾牌等兵器。

左脑 句型思考：
He spends all his time in gambling.
他把所有时间都花在赌博上。

gamble
赌博

hack 砍

右脑联想建议：
在厨房中，一位厨师拿了把菜刀，一刀就向砧板上的鱼用力砍去。

creep 爬行

右脑联想建议：
有只全身绿油油的大毛虫，正在大树的树枝上，缓缓地往前移动。

contentious 好争吵的

右脑联想建议：
两个表情愤怒的男子，双手握拳争论不停，什么下流的话都说出口了。

abate 平息

右脑联想建议：
想象那些发生机场的暴力事件，随着安保力量的加强，机场也开始恢复正常了。

accuracy 精确

右脑联想建议：
一个胖宝宝跑到体重秤上量体重，指针不偏不倚、分毫不差地量出他现在的体重。

右脑 图像联想：
看到扑克牌，就想到赌博之都拉斯维加斯。

gamble
赌博

接下来还是把中文解释遮住，并逐字测验是否记得单词的中文意思，把思考时间缩短成 2~3 秒间。接着揭开遮住的部分，大家会发现虽然缩短阅读次数与时间，但图像的影像却越来越清晰，答对的正确率越来越高。

超右脑单词训练【练习二】STEP 3：遮住中文解释复习单词

intricate
celebrate
weather
versatile
weapon
hack
creep
contentious
abate
accuracy

读者可以利用这种方法快速记忆单词，有了背诵200~300个单词的经验后，可以减少图文并茂的背诵单词次数，比如之前必须想三遍，在有记忆经验后只要想两遍即可。这是因为大家速读记忆的能力逐步增强，任何单词的记忆时间都被平均化，这时只剩下字母字数与熟悉与否的问题而已。

多数学习者会发现，虽然缩短阅读次数与时间，但图像越是清晰，答对的正确率也会越高。因为右脑的图像记忆比文字记忆更强，只要将单词可视化，记忆必然更深刻，使用这套方法，可以用图像的形式在大脑中建立数据库，再难的单词都可破解。

只要将单词可视化，记忆必然更深刻。

右脑 图像联想：
山羊正在吃草。

goat
山羊

【重点整理】

超右脑单词训练

STEP 1 速读单词

STEP 2 右脑图像联想

STEP 3 遮住中文解释复习单词

【随堂小测验】

请大家利用约 30 秒的时间，进行超右脑单词训练 STEP 1 至 STEP 3，试着记住以下 5 个单词。

超右脑单词训练【测验】STEP 1：速读单词

champion n. 冠军；优胜
create v. 创造；产生
dangerous adj. 危险的
delicious adj. 好吃的
enter v. 输入；进入

左脑 句型思考：
There is a bunch of grapes on the table.
桌上有一串葡萄。

grape
葡萄

超右脑单词训练【测验】STEP 2：右脑图像联想

champion 冠军；优胜

create 创造；产生

dangerous 危险的

delicious 好吃的

enter 输入；进入

右脑 图像联想：
那串葡萄很甜，很好吃。

grape
葡萄

3 运用左脑分析进行英语句型训练

人的左脑掌管语言、阅读、书写，因此听英语时习惯以左脑思索中文含义，并且试着用中文理解所听到的内容，习惯将每一句听到或看到的英语翻译成中文，否则就无法理解它的意义。

当大家记住单词的同时，如果只是停留在“英语→中文”识字阶段，那么你的英语会永远停留在“中文思考”模式，即使进步到某一个程度，也只是机械性反应，无法培养出流畅的英语语感。

这种翻译式的语言学习方式，英语只会是半调子，学习过程中常常因为想不起某个单词的中文含义，于是大脑严重“死机”，最后只能像呀呀学语般的婴儿，以简单的单词与人沟通。

左脑 句型思考：
I felt guilty after blaming him.
指责他之后，我觉得有罪恶感。

guilty
有罪

用英语思考

语言有一个重要的特性，就是它不只是表达的工具，还会进一步影响人的思考。要想学好英语并不困难，但是要用对方法。大家必须通过大量的语言刺激，养成用英语思考的习惯（think in English）。“用英语思考”听起来很难，其实不然！要学会“用英语思考”，首先必须相信自己的左脑就有这样的能力。

要学会“用英语思考”。

左脑对于语言性的反应有先天的优势能力，能够将所有进入大脑内的感官信息快速转换成语言，当我们进行各种阅读时，左脑就进行语法与语音的逻辑分析。

右脑 图像联想：
通缉犯最后被判定有罪。

guilty
有罪

左脑对于接收到的刺激，除了用语言来思考，也会利用演绎推理来建立它对事物的认知，并用文字来描述、定义、分类，以便和所有事物沟通。对于英语学习来说，左脑能协助了解英语句型的细节及单词在句中的角色。

以句子为单位，聪明学英语

许多人经常问我："我背了一堆单词，但整个句子就是看不懂，怎么办？"事实上，句型在语言学习中扮演很重要的角色，它可以丰富你的日常口语。因为许多人在学英语时，常遇到想表达的意思明明很简单，用英文却怎么也说不出来的情况。举例来说，"地铁在哪？"的英语是"Where is the subway ?"而不是"Subway is where?"如果你只学了"subway"这个单词，而没有去学它的例句，在任何可能应用英语的场合，仍然没有办法正确使用这个单词。想要突破这种瓶颈，就必须把单词放在句子或有意义的上下文里来背，借由左脑功能把单词放在句子的结构里分析，了解后再记忆。

必须把单词放在句子或有意义的上下文里来背。

要想进入英语写作领域，就要多背一些实用的句子。单词数量达到一定程度后，如果能熟悉常用句型，用英语表达出想表达的意思，有助日后学习语法时，轻易了解而不必死背规则。

学习英语只要以句子为单位，通过模仿与重复操练，达到一定量的练习，句子就能脱口而出。英语说不出口，除了发音的问题外，通常都是卡在造句上。操练句子，会让口语变得非常流畅，也不再害怕开口说英语。

只有通过例句温习单词的用法，才能培养出在不同状况

右脑 图像联想：
他头痛到抱着头哇哇大叫。

headache
头痛

里灵活使用相同单词的能力；从英语例句中分析英语单词，才能真正学会一个英语单词的用法！

超左脑句型训练

从语言学的角度来看，用英语表达自己想法的时候，绝大部分是通过句子，只有极少数的状况是用单词表达。油漆式速记法主张，如果想聪明学好英语（learn smart），每记下一个新单词的时候，除了右脑联想图像外，最好还要记住包含这个单词的相关例句。

任何背单词的方法最终目的不外乎是希望能达到长期记忆的效果，句型学习是记忆单词过程中必要的一部分。通过句型测验的分析过程，除了可以分析句子的语法结构外，还能让大家明白在现实生活中该如何运用所学的单词。

接下来，我们利用每个单词的相关例句练习分析句型结构。我们挑选了10个例句，并用下划线标示出每个单词的位置，大家可以自行练习；这部分完全以左脑语言区进行运作。如果大家心有余力，最好能把每个例句默背下来，日积月累，对英语能力的提升绝对有莫大的帮助。

超左脑句型训练【练习】STEP 1：速读单词

deter v. 阻止
diplomat n. 外交官
dormitory n. 宿舍；校舍
external adj. 外表的；外部的
fossil n. 化石
ideal adj 理想的
kangaroo n. 袋鼠
medal n. 奖牌（章）
needy adj. 贫穷的
ordinary adj. 普通的；平凡的

右脑 图像联想：
附近有两栋很高的大厦。

high
高的

超左脑句型训练【练习】STEP 2：左脑句型思考

deter

v. 阻止

左脑句型思考：

Who deters their plans from being carried out?

谁阻止了他们计划的实行？

diplomat

n. 外交官

左脑句型思考：

He was appointed as the diplomat to Germany.

他被指定为驻德外交官。

dormitory

n. 宿舍；校舍

左脑句型思考：

I don't want to live in the dormitory next semester.

我下学期不想住宿舍了。

external

adj. 外表的；外部的

左脑句型思考：

She keeps silent when bearing external pressure.

当承受外部压力时，她保持沉默。

左脑 句型思考：
The player surprisingly hit a double.
这球员出人意料地击出了二垒安打。

hit
打；击

fossil

n. 化石

左脑句型思考：

The group of scholars hunted for fossils today.

这组学者今天去寻找化石。

ideal

adj. 理想的

左脑句型思考：

His ideal plan is to travel around the world by bicycle.

他的理想计划是骑自行车环游世界。

kangaroo

n. 袋鼠

左脑句型思考：

Baby kangaroos live in a pocket on their mother' s abdomen.

小袋鼠住在妈妈的胃袋里。

medal

n. 奖牌（章）

左脑句型思考：

The Olympic athletes of our country won gold, silver, and bronze medals.

我国的奥运选手赢得了金牌、银牌与铜牌。

右脑 图像联想：
他成功击出了一支全垒打。

hit
打；击

needy

adj. 贫穷的

左脑句型思考：

The needy woman lived in a little wooden hut near the forest.

这位贫穷的女人住在靠近森林的一间小木屋。

ordinary

adj. 普通的；平凡的

左脑句型思考：

Taiwanese and Mandarin are ordinary languages in Taiwan.

闽南语和汉语在台湾地区是普通语言。

【重点整理】

超左脑句型训练

STEP 1 速读单词

STEP 2 左脑句型思考

【随堂小测验】

请大家利用约 60 秒的时间，进行超左脑句型训练 STEP 1 至 STEP 2，配合每个单词的左脑句型思考，试着记住以下 10 个单词。

左超脑句型训练【测验】STEP 1：速读单词

carpenter n. 木匠
circus n. 马戏团
delicious adj. 好吃的
eventually adv. 终于
generous adj. 宽大的；慷慨的
imagine v. 想象
maintain v. 维持；供给
object n. 目标；物体
peaceful adj. 平静的
refuse v. 拒绝

右脑 图像联想：
每逢假日，我们喜欢开车到乡下走走！

holiday
假日

超左脑句型训练【测验】STEP 2：左脑句型思考

carpenter

n.　木匠

左脑句型思考：

We need a carpenter to repair our house.

我们需要一个木匠来修房子。

circus

n.　马戏团

左脑句型思考：

The teacher took them to the popular circus.

这位老师带他们去看知名的马戏团。

delicious

[dɪˈlɪʃəs]　adj.　好吃的

左脑句型思考：

Guava is a delicious fruit grown in Taiwan.

番石榴是生长在台湾地区的一种好吃的水果。

eventually

adv.　终于

左脑句型思考：

Eventually he confessed to murdering his girlfriend.

他终于承认杀害了他的女友。

左脑 句型思考：
The patient was transferred to a bigger hospital.
那位病人被转送到另一家较大的医院。

hospital
医院

generous

adj.　宽大的；慷慨的

左脑句型思考：

The rich man is generous in giving help to the poor.
这位有钱人对于帮助穷人很慷慨。

imagine

v.　想象

左脑句型思考：

Can you imagine what is it like to be blind?
你能想象瞎了后的感觉吗？

maintain

v.　维持；供给

左脑句型思考：

The former owner maintained this house very well.
前屋主把这栋房子维持得很好。

Object

n.　目标；物体

左脑句型思考：

The museum has a fabulous collection of antique objects.
这间博物馆有许多难以置信的古物收藏。

右脑 图像联想：
有红色十字标志的建筑物就是医院。

hospital
医院

peaceful

adj. 平静的

左脑句型思考：

Rural life is usually more <u>peaceful</u> and simple than city life.

乡村生活和城市生活相比通常比较平静单纯。

refuse

v. 拒绝

左脑句型思考：

The star <u>refuses</u> to talk about her marriage.

那位明星拒绝谈论到她的婚姻生活。

左脑 句型思考：
It is hot in this room.
这房间里好热。

hot
热的

4 全脑训练的应用

左、右脑双剑合璧

许多英语专家总认为中国人学英语最大的错误就是“爱背单词”。老师要求学生只要碰到不会的单词，就赶快查字典，造成学生使用英语，一直停留在“用单词”的层级，语感的培养与语言传达的信息变得相对不重要了。

在学习单词的同时，不能只单靠右脑对单词的图像记忆，大家必须强迫性地开始阅读与这些单词相关的句子，也就是利用左脑的句型逻辑分析，才能更快速达到全脑背单词的境界。

全脑背单词的道理就像是听流行歌曲时，除了欣赏优美

右脑 图像联想：
桌上有杯冒着白汽的热咖啡。

hot
热的

的旋律，还可以思考歌词的涵义，左、右脑可以同时得到刺激，脑部神经元自然能得到活化的效果。

接下来请翻开手边任何一本单词书，书中每个单词都必须有例句。首先设定 10 个单词，每个单词仍是用 1~2 秒的时间读完，并选择第一个中文解释来创造右脑图像。大家可以参考或自行想象，请把握最适合自己的联想方式。

完成右脑联想图像的过程，请将句子用 20~30 秒的时间读完，并分析每个单词在相关句子中的词性及语法架构，接着迅速翻译出整句的中文意义。

左脑 句型思考：
Hot dogs are not healthy food.
热狗并非有益健康的食物。

hot dog
热狗

左、右脑全脑训练【练习】STEP 1：速读单词

thick adj. 厚的；粗的
thief n. 小偷；贼
valuable adj. 有价值的
strike v. 击出；n. 罢工
service n. 维修；服务
set v. 放置；n. 一组
railway n. 铁路
postcard n. 明信片
pile n. 堆；大量
pillow n. 枕头

右脑 图像联想：
我最喜欢吃热狗。

hot dog
热狗

超右脑单词训练【练习二】STEP 2：右脑图像联想

thick 粗的

右脑联想建议：

这个男人忽然在树林发现一棵被砍的神木，树干剖面上还有一圈圈的年轮。

thief 小偷

右脑联想建议：

一个蒙着头的小偷，趁着黑夜时背着一大包偷来的财物，鬼鬼祟祟地准备逃跑。

valuable 有价值的

右脑联想建议：

小美到博物馆参观，在展览架上看到了许多有价值的古代宝物，她张大了嘴吃惊得说不出话来。

strike 击出

右脑联想建议：

当投手不以为意地投出一记慢速球后，小明铆足全力准备击出一支全垒打。

service 维修

右脑联想建议：

台风把家里的天花板都吹掉了，我和哥哥一起负责后续的维修工作。

左脑 句型思考：
The king goes hunting every summer.
这位国王每年夏天都去打猎。

hunt
打猎

set 放置

右脑联想建议：
穿着围裙在厨房煮饭的老妈小心翼翼地把这壶滚烫的开水，放置在桌子上。

railway 铁路

右脑联想建议：
一辆古老的蒸汽小火车慢慢地在铁道上行驶。

postcard 明信片

右脑联想建议：
我的书桌上有一张印着普罗旺斯风景照的精美明信片。

pile 堆

右脑联想建议：
地上放着一堆货物，工人们努力地要把它们搬到车上。

pillow 枕头

右脑联想建议：
木头制的床上铺着一条棉被，床头有一个大枕头。

右脑 图像联想：
猎户猎到了一只大野猪！

hunt
打猎

超左脑句型训练【测验】STEP 3：左脑句型思考

thick

adj. 厚的；粗的

左脑句型思考：

A thick and woolen rug does not fit my taste.

厚羊毛地毯不太合我的品味。

thief

n. 小偷；贼

左脑句型思考：

The thief was caught when he was going to leave.

那个小偷在准备离开时，被抓到了。

valuable

adj. 有价值的

左脑句型思考：

I found some valuable documents in the archives.

我在档案保管区发现了一些有价值的文件。

strike

v. 击出；n. 罢工

左脑句型思考：

Hundreds of workers threatened to strike for a week.

数百名工人威胁要罢工一个星期。

左脑 句型思考：
There is ice on the road.
路面上有冰。

ice
冰

service

n. 维修；服务

左脑句型思考：

The good service of this restaurant has attracted many customers.

这家餐厅因为优良的服务质量，而吸引了许多客人。

set

v. 放置；n. 一组

左脑句型思考：

It is more convenient to set up an intercom in every office.

每间办公室都放置内部通话会更方便。

railway

n. 铁路

左脑句型思考：

The railway construction will be completed in a month.

铁路工程将会在一个月内完成。

postcard

n. 明信片

左脑句型思考：

Can I buy some postcards that are related to this museum?

我可以买一些和这博物馆有关的明信片吗？

右脑 图像联想：
这杯水放了许多冰块。

ice
冰

pile

n. 堆；大量

左脑句型思考：

Piles of garbage seriously affect the environment with odors.

许多成堆发恶臭的垃圾严重影响环境。

pillow

n. 枕头

左脑句型思考：

Could you give me a pillow and blanket, please?

可以给我枕头和毛毯吗？

左脑 句型思考：
It's impossible for me to get up at 5:00 a.m.
要我早上 5 点就起床是不可能的。

impossible
不可能的

【重点整理】

左、右脑全脑训练

STEP 1 速读单词

STEP 2 右脑图像联想

STEP 3 左脑句型思考

【随堂小测验】

请大家利用约 60 秒的时间，进行左、右脑全脑训练 STEP 1 至 STEP 3，配合右脑图像及左脑句型，试着记住以下 10 个单词。

左、右脑全脑训练【测验】STEP 1：速读单词

achieve v. 达成
adjust v. 调整
ambition n. 野心；抱负
bathe v. 浸泡；给……洗澡
beggar n. 乞丐
business n. 买卖；商业
chopstick n. 筷子
concentrate v. 集中
describe v. 描述；形容
elect v. 选举；推选

右脑 图像联想：
想学嫦娥奔月是不可能的！

impossible
不可能的

左、右脑全脑训练【测验】STEP 2：右脑图像联想

achieve 达成

adjust 调整

ambition 野心；抱负

bathe 浸泡；给……洗澡

beggar 乞丐

business 买卖；商业

chopsticks 筷子

concentrate 集中

describe 描述；形容

elect 选举；推选

左脑 句型思考：
Do you like surfing the Internet?
你喜欢上网吗？

internet
互联网

左、右脑全脑训练【测验】STEP 3：左脑句型思考

achieve

v. 达成

左脑句型思考：

He has achieved his goal in less than five years.

他在五年内达成了他的目标。

adjust

v. 调整

左脑句型思考：

I adjust my alarm clock before I go to bed every night.

我每晚睡觉前都会调整闹钟。

ambition

n. 野心；抱负

左脑句型思考：

She has a great ambition to be a principle of a school.

她很有野心想成为校长。

bathe

v. 浸泡；给……洗澡

左脑句型思考：

If you could often bathe in the hot spring, you would be health.

假如你能经常浸泡温泉，将会有益健康。

右脑 图像联想：
互联网可以通过卫星传送数据。

internet
互联网

beggar

n. 乞丐

左脑句型思考：

The poor homeless beggar is sleeping on the bench in the park.

无家可归的乞丐在公园的板凳上睡觉。

business

n. 买卖；商业

左脑句型思考：

We do much business with foreign companies.

我们和许多外国公司有商业往来。

chopstick

n. 筷子

左脑句型思考：

My friend from Germany doesn't use chopsticks very well.

我从德国来的朋友不太会用筷子。

concentrate

v. 集中

左脑句型思考：

The teacher asks the students to concentrate on the class.

老师要求学生们集中精神上课。

describe

v. 描述；形容

左脑句型思考：

Can you describe what your cellular phone looks like?

你能描述一下你的手机吗？

elect

v. 选举；推选

左脑句型思考：

Although he was a political novice, he was elected to be the parliament.

即使他是政坛新秀，还是被选举进入国会。

CHAPTER 3

油漆式速记法的辅助训练

1 速读训练

目前市面上推出了许多快速记忆法的相关课程，多半都是利用传统的简图法、联想法、谐音法等方法强化记忆力，虽然在辅助记忆上或许有些作用，但是学习者必须付出一笔为数可观的学费，而且最后可能效果不佳。

不同于这些课程，油漆式速记法同时结合了速读与速记理论，并强调“大量、全脑、多层次复习”的训练精神，是一套真正开发大脑潜能的记忆法，除了可以应用在职场进修或求学考试中，对于学习外语更有事半功倍的效果。

本书前面的章节不断提及，人类大脑感知能力的提升就是在多重感官刺激的环境下强化而来，也就是视觉会影响听觉，听觉会影响触觉，如果越多感官被启动，大脑机能区活跃的部分也越大。油漆式速记法的特色就从视觉速读开始，用听觉辅助，通过手部活动以启动触觉，真正让大脑帮助你快速背单词。

越多感官被启动，大脑机能区活跃的部分也越大。

速读与活化眼力

眼力强化训练是速读的基础，可以借助电脑等电子设备来进行，用电子设备制作一些闪字，通过控制每次闪字的速度，来调整眼力训练的程度。

如果大家是初学者，请先将速度设置到最慢，因为要让你的眼睛逐步适应闪字的速度。过了一段时间后，当你开始觉得速度变慢了，表示你的眼力开始进步，请务必再稍微调快速度，以便开发眼睛吸收信息的更大潜能。

这个道理很简单，就像大家刚开车上高速公路时，总觉得两旁车辆还没看清楚就如闪电般呼啸而过，时间久了，原先感觉在身旁飞奔的车辆，速度似乎变慢了许多，也能看清楚车型和颜色了。

当然不是这些车辆真的减速了，而是我们的眼睛自动适应环境，也就是眼力增强了。经过良好速读训练的最大好处，就是不但能让视觉器官发挥最大潜能，还能和大脑接受信息的节奏趋于一致，让瞬间理解力跟着同步增加。

不定点闪字刺激视觉

许多读者从小就有逐字念书的习惯，阅读时视点所拥有的视野范围内只有一或两个字，这是造成阅读速度缓慢的主要原因之一。速读原理中十分强调扩大视野的训练，也就是扩大视点面积，尽量让每一个阅读视点摄取的阅读量增大，简单来说，也就是眼睛在阅读时能够看清楚更大的范围。不定点闪字可以帮助我们扩大视野，加快阅读速度。

不定点闪字，就是在每次开始阅读新的单词时，单词会随机在屏幕上任何可能的位置出现且跳动，这种跳跃式的移动对视觉刺激非常有效，除了可以让大家在背诵时集中注意力，同时还能激发视网膜、扩大视野范围。一旦经过视野逐步扩大的训练后，对于日后阅读速度的增进，会有十分显著的效果。不定点闪字，也可以借助电子设备实现。

色彩强化记忆力

从人类诞生的那一刻起，色彩就与我们息息相关，人们不断接触色彩，每个人都有自己喜欢的颜色、对不同的色彩有着各自不同的感受。色彩对生命能表现出冷热收缩、积极消极等特性，色彩搭配甚至也能呈现各种情绪与刺激。

右脑 图像联想：
慢跑是一种很好的健身运动。

jog
慢跑

在日常生活中，人们不断接触色彩，如果是自己所喜爱的色彩，还有利于带动个人的积极思维，并增进记忆力。

应用色彩来辅助记忆更是屡见不鲜。色彩的对比使单调的文字更鲜明，当然更有助于记忆。例如学生时期用荧光笔在关键句子画上颜色，不但方便标示出重点，也有利于加强记忆。当日后大家尝试复习重点时，没做标记的部分印象就显得模糊不清。

在借助电子设备设计闪字时，兼顾字体大小与颜色的控制，其中色彩变化可用来强化记忆力。例如绿色、蓝色、淡蓝色等冷色系，可以放松身心，能让使用者专注于目前的影像。又如红、橙、黄等暖色系，易引起心理的积极性，帮助眼球的快速移动。

至于有些年长者视力不佳，就可以选择使用较大的字体，甚至于闪字时也能让字体产生忽大忽小的变化，使用者可依照个人情况进行调整。

英语听力的训练

许多人经常抱怨听力不好，归根究底是因为使用注音符号表示单词读音的缘故，发起音来以为有点雷同就便宜行事。有些人就更天真了，还将单词的音标转成中文读音，用来联想相关的中文字义，例如丈夫（husband）就念成“还是笨”，联想成“自己的丈夫还是笨的好”，救护车（ambulance）就念成“俺不能死”，联想成“一个病人在救护车上大叫俺不能死”。

这些做法都是在破坏英语的整体语感，完全没有考虑到重音、连音、语调等问题，少数几个字还能听得懂，但几句对话下来，上百个单词组合在一起，反而容易越听越迷糊。

想要突破听力的瓶颈，绝对要放弃这种洋泾滨（指不讲

右脑 图像联想：
番茄酱是一种调料。

ketchup
番茄酱

究语法，按中国话“字对字”地转成英语——编者注）的做法，必须从接触每个新单词开始，并同步听到英语的正确发音，让大脑的听力中枢对这个单词产生直接反射，日后才有可能跟得上外国人整句话的速度。

在记忆时，同时启动右脑对于听力的学习机制。

所以在记忆时，配合外籍老师字正腔圆的发音，可以让我们在接触每个新单词时，同时启动右脑对于听力的学习机制。这样“形、音、义”三管齐下，同时记住单词的右脑图像、原文发音与中文词意，将会得到更快、更好的成效。

残像记忆的应用

许多人经常疑惑，使用油漆式速记法“囫囵吞枣”似的

左脑 句型思考：
I use the key to open the door.
我用钥匙开门。

key
钥匙

速读几次单词，怎么可能真的记住那么大量的单词？原理到底是什么？不要怀疑，当然记得住，应用的就是残像记忆的原理！

我们知道速读时记住单词多半来自两种渠道，第一种是直接从眼睛看到信息的左脑语言型理解，这也是最普遍与粗浅的。因为单词是字母与中文解释的对应组合，没有任何语言上深入的意义。第二种是属于速读训练后所具备的快速记忆力，也就是利用残像记忆形成的综合感知理解力，属于一种超高速的右脑思维能力。

大家在速读闪字时绝对不可能马上将每个单词一字不漏地背下，当视觉刺激停止后，中枢神经投射在视网膜上的影像痕迹不会立刻消失，而会出现极短暂的记忆效果，这段记忆称为“残像记忆”，然后迅速转运到大脑中枢。

右脑 图像联想：
这把钥匙能打开家里的铁卷门。

key
钥匙

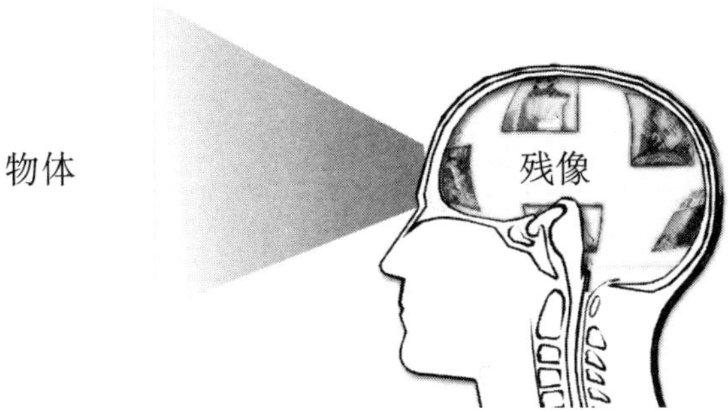

大脑残像记忆背单词的说明图

虽然残存的时间不长，但记忆总归是记忆。

这就像是在房间内，眼睛直视灯泡时，灯却突然被关掉的瞬间，脑海中仍然感觉到灯泡是亮的。这是因为大脑的高速运转能力比眼睛快太多。

平时增强残像记忆强度的最佳做法就是不断提高速读时的速度，这样可以让人在心理上产生“定向反应”（orienting response），使其在背诵时更能集中注意力。残像记忆的强度越强，成像效果越佳，瞬间记忆所能延续的时间就越长。

杏仁核的刺激

在速读单词后，还要进行各种形式的测验。随机式的测验题，可以达到巩固记忆的刺激效果。在答题过程中，大脑会自动搜寻刚才闪字速读时所建立的残像记忆来答题。答错题时，系统则利用刺激杏仁核的方式加强记忆。

海马体所记忆的是陈述性的事实，而杏仁核则为内容增添情绪的效果。

我们知道海马体所记忆的是陈述性的事实，而杏仁核则

为内容增添情绪的效果。假如我们在篮球场上以一分之差输给某个球队，记住这次的所有细节，包括球场位置、当天天气与对方球员的面孔等事实信息的是海马体，但是以后再碰到这个球队都会产生焦虑感是杏仁核的作用。

在进行测验时，答错了，要马上去看正确答案，并同步读出这个单词的正确发音。此时海马体开始启动，重新记忆单词，而杏仁核则因答错影响情绪，判断需专注再记一次，加上眼睛与耳朵等多重感官作用，借此增强背诵效果。有了杏仁核参与并产生新的刺激，会让海马体对这个单词刻下更深的“烙印”。

左脑 句型思考：
Someone knocked the door when I was taking a shower.
有人在我洗澡时敲门。

knock
敲

【Tips】概念说明

“杏仁核”与“情绪影响”：从脑神经医学的角度来看，在大脑前额部分有一个呈扁桃形的区域，称为杏仁核(amygdala)。杏仁核是人类的情绪中心，主要功能为掌管焦虑、急躁、惊吓及恐惧等负面情绪反应。

在错误中学习

在进行各种测验后，要把做错的题加以整理，形成自己专属的字库，以便日后反复进行油漆式速读，这样更有助于强化记忆。

右脑 图像联想：
我敲门问"有没有人在家"。

knock
敲

2 六层油漆帮你记单词

第 1 层油漆 ：认知性训练

英语教学在我国几乎是为了满足考试需求。所有的英语认知都习惯从中文翻译而来，这种翻译后理解的片断学习方式，就像舍直线距离而绕远路一样。正确的做法是看到单词能直接转换成图像的思维，尽量不要转译成中文。

例如刚学习"monkey"这个词会想到"猴子"这两个字，通过认知性测验的训练，以后再看到"monkey"，就会直接想到一只顽皮猴子的模样，而不必再经过"猴子"这两个汉字。

认知性训练就是在大脑中建立快速判断新单词的中英文

左脑 句型思考：
Keep this lemon for yourself.
你自己留着这个柠檬。

lemon
柠檬

含义的能力。对于一组全新的英语单词而言，这项训练的目的是要训练使用者在看到英语单词后，就能立即借由右脑图像联想出中文含义的能力，是本方法最基础与最重要的课程。

请注意在速读单词时，丢掉背诵的念头，千万不要一边学习新单词，一边患得患失怕忘了之前学的单词，而拼命地回想，造成速读时的“回视”现象，因而放慢记忆的速度。其实大家只要耳听、目视，专注于眼前出现的单词即可。

【Tips】概念说明

回视：造成阅读速度变慢的原因之一，就是速读时自认未完整看清楚文章内容，造成不断返回前一个视点的情况过多，这种现象称为“回视”。

在速读单词时，丢掉背诵的念头。

第 2 层油漆 ：回溯性训练

记忆往往是学习后的最终表现。没有记忆，就谈不上有学习成果。当学习范围内的单词经过认知性测验的初步记忆过程后，你就应该具备看到英语单词，马上可想到中文意思的残像记忆。

回溯是一种复习的动作，回溯性测验是属于第一层认知性测验的逆向学习（reverse learning），能反复刺激记忆强度。逆向训练是希望在看到中文解释时，就能想到符合的英语单词，有点像是使用热水与冷水分别帮你清洗大脑。

因为认知性测验阶段已学过这个范围内的单词，所以本阶段的学习，仍继续测验同一个学习范围的 500 个单词，不过一次速读单词量可增加到15~20个，速读速度也相应加快。

第3层油漆：联想性训练

记忆很像建筑工地用的水泥，需要经过联想力的联结处理才能固化变硬，成为坚硬的混凝土。这层测验着重于记忆单词间的关联性，用于测试概念性记忆与事实之间是否已经建立联结关系。

前面两个测验多半是针对单一英语单词来出题，到了这个阶段已经将单词的瞬间记忆补强为短期记忆。为了进一步增强记忆，应该增加测验难度，在多组英语单词混合题中，清楚分辨出各组单词的中英文意思，并形成一种类似条件反射的图像联想能力，加速将单词的短期记忆转化为长期记忆。

右脑 图像联想：
今天的课程内容是三角函数。

lesson
课程

这个阶段测验并不难，以学习 20~30 个单词为单位，速读速度必须再加快，学习范围仍为 500 个单词。

第 4 层油漆 ：触觉性训练

医学报告指出，左脑控制着右边的身体，右脑控制着左边的身体；擅长使用左手的人右脑发达，而擅长使用右手的人则左脑发达。

所以两手的指尖运动和大脑开发有着密切的关系。因为手指运动中枢在大脑皮层中所占的区域最广泛，经过一定程度的手指动作练习后，能使大脑变得更聪明。触觉性训练就是利用十指指尖在计算机的键盘上重复敲打字母，进而达到全脑学习的效果。

两手的指尖运动和大脑开发有着密切的关系。

这层测验是本油漆式速记法的终极目标，也是最困难的一层，用来训练你精确拼出每一个单词的能力。

当大家完成前面的训练后，仍以同范围的500个单词继续本阶段的测验。由于本测验较为困难，建议以10个单词为单位，速度必须放慢到与认知性测验的速读速度相同。

第5层油漆：多感官训练

听力进步的最佳方法就是让自己的耳朵习惯英语的语调，不但能增加学习英语本身的效果及乐趣，还能发现自己早已不需要用力听，漏失掉一些单词还是能掌握重点。这层测验的目的是训练英语拼写与发音间的对应关系，再加上手指操作、耳朵听音等多重感官刺激，不但能加强单词的记忆，无形中还能让你的综合感知反应变得更迅速。经过多次训练

右脑 图像联想：
这些信都是我写给她的情书。

letter
信

后，你一听到单词，就能立刻知道该单词的中文意思及正确拼法，这是利用耳脑链接的方式来巩固记忆。

完成触觉性训练课程后，请以同范围的500个单词继续第五阶段的听力测验。建议以30个单词为单位，速读速度则加快，与联想性训练课程时的速度相同。

第6层油漆：分析性训练

依照德国格式塔心理学（Gestalt Psychology）的完形理论，当人类观察事物时，本身具有自动填满所有空缺物体的本能。所以完形填空的题型非常适合这一层次的训练，把句子或一篇短文去掉几个单词，你会不自觉想要填补上这些空缺的单词，使其完整，对于单词的记忆效果会更强。

前面的测验是从英语单词联结中文意思，而分析性测验，则是以完形填空方式学习句型与加强单词记忆。必须联系上下文，填上符合完整句义的正确答案，借此测验答题者对词汇与语法、句型的了解。

测验进行时，除了可以分析句子的结构外，同时包含“再确认”与“回忆”两种层次，这个动作是真正能够固化单词记忆的超强黏合剂。

我们建议大家不妨以这项测验复习已熟悉范围内的单词群，毕竟通过句子才是真正培养出英语语感的最佳方式。本阶段课程速记单词量先以每次 20~30 个为单位。

经过上述一个学习循环后，每一个单词都经过了高达数十次的感官刺激，这个范围中八九成的词汇在脑中已由短期记忆转换为长期记忆。但更重要的是，大家会惊喜地发现，进入下一个阶段时，油漆式速记能力有了明显提高。

右脑 图像联想：
图书馆管理员用计算机帮我找书。

library
图书馆

使用这种方法训练的时间越久，速读与速记能力越强；每个人每小时速记四五百个单词，绝对指日可待。